[영흥스님 선어록]

납 승 가

꽃을 가리고

마주 뿌리고

낙 서

이 세상에서 제일 귀한 것이 있다면 그것은 사람이다.
사람 가운데 영혼이 맑은 이가 제일 귀한 존재이다.
어느 날 길에서 숙세 인연인지 아니면 우연인지
영흥스님으로부터 "납승가" 책 한 권을 엉겁결에 보시 받았다.
황망히 헤어지고 처소에 돌아와 조용히 책을 펼쳤다.
글자마다 밝은 빛이 밤 하늘 별처럼 쏟아지는게 아닌가.
스님을 만나도 스님을 몰라 본 무지를 자책하였다.
무한히 영롱한 말씀들이 화엄세계를 이루는 납승가,
내 어둔 마음에 황홀한 밝은 빛을 염치없이 받았다.

납승가 한 구절에 밤이 가고
납승가 한 구절에 해가 뜬다.
납승가 한 구절에 바람 불고
납승가 한 구절에 꽃이 된다.

납승가 재판을 한다며 한마디 부탁하기에
두서없이 낙서를 한다.

2010. 5.
서 성 우.

부딪치는 곳마다 평화요
머무는 곳마다 행복이요
행하는 곳마다
무한 생명의 절대 자유로다
아느냐!
이일을?
동쪽 하늘에
해와 달을 띄우고
만리 흐르는 강물을
바라보도다.

납 승 가〈衲 僧 歌〉

꽃을 가리키고 마니주 뿌리고

온 생명 다함께 무한해서
풀잎마다 우담바라 꽃이요
돌멩이마다 해와 달이니
온 세상 큰 행복 언제나 다함없구나.

납 승 가 (衲僧歌)

- 누더기 중의 노래 -

다함께 온 우주 이루고
온 세상 온갖 낙 마음대로구나
스스로 무한해서 딴 뜻이 없으니
참세상 참행복 길이 펼치구나.

 # 노래 부르기 전의 노래

하!

둥근 달 속에 계수나무 뽑으니
온 세상 온뜨락에 계수열매 쏟아지고
둥근 달 속에 계수나무를 심으니
온 세상 동서남북 맑은 바람 끝이 없구나.

둥근 달을 띄우니
온 세상 돌멩이마다 여의주요
둥근 달을 거두니
온 세상 풀잎마다 우담바라 꽃이구나.

아느냐?

금털사자는 놀라 달아나고
코끼리왕은 풀잎 속에 몸을 감추구나.

하!

그대 발밑에 천백억 마니주를 가리키고
그대가 천백억 마니주가 되어 온 세상 마구 쏟아지구나.

하!

늘 누리는날 운수납승 영흥 범향배

❀ 납 승 가

하!

열렸구나
드러났구나
쓰구나
누리구나.

온마음 다 열렸구나
온몸 다 드러났구나
온세상 다 쓰구나
온마음 온몸 온세상 온전체로 나머지없이 낱낱이 다 무한히 누리구
　나.

눈앞에 삼천대천세계를 열고
동서남북 해와 달 끝없이 보내구나
온 세상이 통째로 큰 행복을 누리니
발아래 우담바라 꽃 가리키구나.

생각 생각마다 마음 끝 영원히 열렸고
마음 마음마다 생각 끝 영원히 드러났고
몸 몸마다 티없이 영원히 쓰고
삼라만상 낱낱이 영원히 누리구나.

본래 모든 것은 제자리 그대로
온갖 것 나투어도 물들임 없고
낱낱이 어떤 것도 가릴 수 없어
언제나 온 전체로 드러나 명백하구나.

항상 드러난 모습 그대로 딴 모습 아니니
스스로 시방세계를 이루어 걸림이 없구나
씨를 뿌리지 않아도 온갖 꽃 절로피어 즐기니
동서남북 향기로운 바람 끝이 없구나.

옛이나 지금이나 붉은 꽃은 붉고
지금이나 훗날이나 흰 꽃은 희니
언제나 이대로 남음 없이 똑같아
온갖 낙 풍요롭게 산하대지로 감로구나.

낱낱이 감로요 온 전체로 감로라
저승도 감로요 이승도 감로요
지옥도 감로요 천국도 감로요
사바도 감로요 극락도 감로구나.

무명도 감로요 진여도 감로요
업식도 감로요 실상도 감로요
번뇌도 감로요 해탈도 감로요
망상도 감로요 삼매도 감로구나.

생사도 감로요 열반도 감로요
미함도 감로요 깨침도 감로요
중생도 감로요 부처도 감로요
유정무정 흥대로 한바탕으로 감로구나.

다함께 한바탕 온 법계 온 우주로
온 세상 온갖 낙 흥대로 누리니
서로 딴 뜻 딴일 아니어서
한 티끌도 버리지 않고 축복으로 무한하구나.

무엇이든 다르지 않아 무한 축복으로
이대로 어긋나지 않아 자유자재요
이대로 때 따라 무애자재니
티끌도 청풍으로 팔만사천 털구멍 열구나.

팔만사천 털구멍마다 시공을 펼쳐
봄 여름 가을 겨울을 꼭 맞게 즐기며
동서남북 뜨락마다 무진장 보배라
이대로 스스로 법계를 다함께 누리구나.

다함께 스스로 온 법계니 절로 자유요
다함께 스스로 온 우주니 절로 평화요
다함께 스스로 온 세상이니 절로 안락이요
다함께 스스로 온 스스로니 절로 주인이구나.

온 우주법계에 빈틈없는 주인이요
온 우주법계에 튼튼한 살림살이니
옛이나 지금이나 무엇 하나 구함이 없고
이승이나 저승이나 무엇 하나 부족함이 없구나.

스스로 온 생명 끝없이 무한하니
나툼마다 꼭 맞게 원융무애해서
온갖 것 낱낱이 다 자유롭고
온갖 곳 낱낱이 다 평화롭구나.

나는 나를 나머지 없이 낱낱이 다 이루고
나는 나를 나머지 없이 낱낱이 다 드러내고
나는 나를 나머지 없이 낱낱이 다 똑같게
나는 나를 나머지 없이 낱낱이 다 누리구나.

시간과 공간을 끝없이 거두고 펼치면서
천만고에 삶과 죽음을 흥대로 맛보면서
어제는 자욱마다 온갖 열매 온 세상 뿌리고
오늘은 한손바닥 안에 천백억 마니주를 굴리구나.

눈앞에 삼천대천세계가 열리고
눈앞에 삼천대천세계가 감추고
눈앞에 삼천대천세계가 모자라고
눈앞에 삼천대천세계가 남는구나.

온몸 온 마음 전체로 삼천대천세계가 열리고
온몸 온 마음 전체로 삼천대천세계가 감추고
온몸 온 마음 전체로 삼천대천세계가 모자라고
온몸 온 마음 전체로 삼천대천세계가 남는구나.

열리니 스스로 온 전체가 밝아 자유롭고
감추니 스스로 온 전체가 드러나 물들음 없고
모자라니 스스로 온 전체가 커서 가득하고
남으니 스스로 온 전체가 우뚝해서 무너짐이 없구나.

열리고 감추고 모자라고 남음이 동시라
항상 빛이요 여여하여 동서남북 그림자 없으니
고기는 가도 물은 맑고 새는 날아도 걸림이 없어
고기 스스로 물이요 새 스스로 숲이어서 온 전체로 열렸구나.

온 전체가 본래 헤아림 없어서
온 전체가 본래 항상 삼매요
헤아려도 또한 본래로 물들음 없으니
온 전체로 본래 온갖 낙 길이 누리구나.

항상 서로 만나니 본래 딴 사람 아니요
항상 서로 보니 본래 딴 얼굴 아니요
항상 서로 같이 하니 본래 딴 세계 아니요
항상 서로 행하니 본래 딴 일이 아니구나.

딴 사람 아니니 사람마다 평화요
딴 얼굴 아니니 얼굴마다 행복이요
딴 세계 아니니 세계마다 자유요
딴 일이 아니니 일마다 무한 생명의 낙이구나.

어디서나 무엇에나 절로 주인이요
어디서나 무엇에나 절로 참이요
어디서나 무엇에나 절로 풍요요
어디서나 무엇에나 절로 낙원이구나.

수미산에 앉으니 청풍명월 끝이 없고
옛부터 삶과 죽음 흥대로 노니는구나
계수열매 산호열매 발밑에 뿌리니
온 세상 끝없이 낱낱이 큰 행복 누리구나.

한 손바닥 안에 천백억 세계를 굴리니
사바나 극락세계나 춤과 노래 한결 같구나
생각생각 마음대로 봄하늘 꽃비 내리고
자욱자욱 걸음마다 가을들판 황금물결 이루구나.

걸음 걸음 걸음 온 법계를 이루니 목련꽃이요
걸음 걸음 걸음 온 세상을 여니 호박꽃이요
걸음 걸음 걸음 온 삼라만상을 나투니 찔레꽃이요
걸음 걸음 걸음 온갖 낙 누리니 철죽꽃이구나.

아침에는 만뜨락에 활짝 웃는 꽃을 가리키고
저녁에는 한잔 차속에 둥근 달을 마시니
날마다 날마다 풀잎마다 우담바라 꽃이요
해마다 해마다 돌멩이마다 대왕궁을 이루구나.

티끌마다 둥근 달을 토해서
거품마다 만 그림자를 거두니
만 세상 남음 없이 밝고 밝아서
산하대지 낱낱이 납승의 눈썹털이구나.

납승의 한 눈썹털이 삼계를 꿰뚫어서
구름종 한소리에 들꽃이 가득 피어나고
이를 쫓아 맑은 향기 온 누리에 가득하여
온 세상 온 만민이 온갖 낙 길이누리구나.

온 세상은 온 세상 온 전체로 나를 이루고
온 세상은 온 세상 온 전체로 나를 누리니
온 세상은 나와 함께 영원히 고귀하고
온 세상은 나와 함께 영원히 풍요롭구나.

영원한 세월 만고의 오늘에
온 세상에 온갖 보배 무궁무진하여
무엇이든 원하는 것 다 이루어 즐기니
유정무정도 똑같이 무한한 낙 끝없구나.

끝없이 노래하고 노래하니 막힘이 없고
끝없이 춤추고 춤추니 걸림이 없고
돌처녀는 아이 낳아 집으로 돌아가고
선머슴은 흰 소 몰아 밭갈이 하누나.

온 세상 온갖 낙 누리는 그대 정녕 누구드뇨
그대 정녕 온 세상 낙 다함없이 누리드뇨
인생 백년 꿈결 같음을 뜬구름 같음을 아침이슬 같음을
나고 죽고 죽고 나고 몇 번이나 맛보는고.

무엇이 정녕 참된 그대 본래 생명이뇨
무엇이 정녕 참된 그대 본래 모습이뇨
무엇이 정녕 참된 그대 본래 세상이뇨
무엇이 정녕 참된 그대 본래 낙이뇨.

절대 현재 그냥 그대로 남김없이 온 전체로 영원히 활발하고
절대 현재 그냥 그대로 남김없이 온 전체로 영원히 물들음 없고
절대 현재 그냥 그대로 남김없이 온 전체로 영원히 자유롭고
절대 현재 그냥 그대로 남김없이 온 전체로 영원히 무너지지 않구
　　나.

나고 죽음 없는 영원히 살아있는 생명 그대 본래 생명이요
깨끗해 티가 없는 영원히 물들음 없는 모습 그대 본래 모습이요
시작도 끝도 없이 영원히 펼쳐진 온갖 세상 그대 본래 세상이요
낱낱이 온 전체로 영원히 흥대로 통하는 낙 그대 본래 낙이구나.

온 우주보다 먼저 본래로 존재된 끝없이 자유자재한 생명이요
온 우주보다 먼저 본래로 존재된 끝없이 자유자재한 모습이요
온 우주보다 먼저 본래로 존재된 끝없이 자유자재한 세상이요
온 우주보다 먼저 본래로 존재된 끝없이 자유자재한 낙이구나.

온 우주보다 먼저니 온 우주가 멸해도 무너지지 않는 생명이요
온 우주보다 먼저니 온 우주가 멸해도 무너지지 않는 모습이요
온 우주보다 먼저니 온 우주가 멸해도 무너지지 않는 세상이요
온 우주보다 먼저니 온 우주가 멸해도 무너지지 않는 낙이구나.

지금 이대로 온 우주를 초월해서 온 우주의 생명으로
지금 이대로 온 우주를 초월해서 온 우주의 모습으로
지금 이대로 온 우주를 초월해서 온 우주의 세상으로
지금 이대로 온 우주를 초월해서 온 우주의 낙이구나.

본 생명 스스로 언제나 이루어 무한히 고귀하고
본 모습 스스로 언제나 이루어 무한히 아름답고
본 세상 스스로 언제나 이루어 무한히 평화롭고
본 낙 스스로 언제나 이루어 무한히 행복하구나.

즉시에 열리니 본래로 낱낱이 온 전체로 무한히 열리어 있고
즉시에 드러나니 본래로 낱낱이 온 전체로 무한히 드러나 있고
즉시에 행하니 본래로 낱낱이 온 전체로 무한히 행하여 있고
즉시에 즐기니 본래로 낱낱이 온 전체로 무한히 즐거워 있구나.

항상 안과 밖이 동시에 드러나 무한히 열리니
항상 일체가 여여하여 무한히 광명을 놓고
항상 마음 끝 행하니 무한히 자유자재하여
항상 끝없는 삼매를 이루어 무한히 해탈을 누리구나.

항상 그냥 그대로 즉시에 보고
항상 그냥 그대로 즉시에 이루고
항상 그냥 그대로 즉시에 행하고
항상 그냥 그대로 즉시에 누리구나.

즉시에 누리니 즉시에 청정무구해서
즉시에 본바탕이 드러나 즉시에 본나가 명백해서
즉시에 호호탕탕하여 즉시에 천백억 해탈을 즐기나니
가고 오고 머물고 모든 곳 모든 것 자유자재구나.

마음도 몸도 남김없이 명백하게 온 세상에 드러나
본래의 마음 본래의 몸 따로 없어 낱낱이 온 전체로
이마음 이몸 그냥 그대로 나머지없이 여여하게 영원한 온생명으로
영겁의 무진 낙을 활발발하게 끝없이 끝없이 즐기구나.

동서남북 아름다운 세상 끝없이 펼치니
유정무정 다함께 다함없는 복 마음대로
본래부터 다 갖추어져 처음부터 어긋나지 않아
서로 서로 사사로움 없이 온 전체로 태평가 영원하구나.

온 마음 온 몸 온 세상 둘이 아니어서
시비분별 온갖 것 그대로 꽃피워 즐기고
통쾌한 웃음소리 하늘 보다 높아서
이승에도 저승에도 우담바라 꽃 다함없구나.

나는 온 세상의 실체니 언제나 확실하고
온 세상은 나의 실상이니 언제나 떳떳해서
손바닥 안에 마니주 산이 무너질 줄 모르고
발밑에 진주 바다가 메마를 줄 모르구나.

저절로 순리에 따르니 서로 여의지 않고 빛나서
봄 여름 가을 겨울이 꼭 맞아 즐겁고
저절로 이치에 행하니 처음부터 똑같아서
언제나 지금 이대로 꽃을 피워 아름답구나.

삶과 죽음도 이대로 초월하지 않고 초월해서 노닐고
자유와 평화도 이대로 초월하지 않고 초월해서 노닐고
온 세상 온 우주도 이대로 초월하지 않고 초월해서 노닐고
해탈과 삼매도 이대로 초월하지 않고 초월해서 노닐구나.

부처와 중생도 이대로 초월하지 않고 초월해서 노닐고
시간과 공간도 이대로 초월하지 않고 초월해서 노닐고
풀잎마다 우담바라 꽃 참세상 이대로 길을 이루고
돌멩이마다 천백억 극락국토 이대로 흥대로 굴리구나.

열린 이대로 보배니 낱낱이 청정하고
드러난 이대로 보배니 낱낱이 빛나고
쓰는 이대로 보배니 낱낱이 슬기롭고
누리는 이대로 보배니 낱낱이 고귀하구나.

그대에게 그대를 맡기니 그대가 천하요
천하는 천하에게 맡기니 천하가 그대구나.
그대가 천하니 언제나 그대가 자유롭고
천하가 그대니 언제나 천하가 평화롭구나.

지금 이대로 온갖 보배 무진장이라
다함께 흥대로 써도 다함없어서
이 가을 만산 만 단풍으로 붉어서
천하에 그대 얼굴로 웃고 또 웃구나.

온 세상 끝없이 밝은 달 언제나 그대가 열고
온 세상 끝없이 밝은 달 언제나 그대가 드러내고
온 세상 끝없이 밝은 달 언제나 그대가 쓰고
온 세상 끝없이 밝은 달 언제나 그대가 누리구나.

누가 그대를 정녕 행복하다 하지 않다 할건가
누가 그대를 정녕 고귀하다 하지 않다 할건가
눈썹털에 무한 보궁이니 풀잎마다 진주가 쏟아지고
배꼽 속에 무한 법계니 돌멩이가 학이 되어 날구나.

쌍쌍이 학이 날으니 만리 하늘이 푸르고
깃털마다 청풍이 일어 온 세상이 시원하니
불속 물을 이루어 중생의 업을 씻기고
물속 불을 이루어 부처의 업을 녹이는구나.

불속 나무고기가 해를 토하니 지옥에도 우담바라 꽃 피고
물속 진흙소가 달을 삼키니 천국에도 꽃은 떨어지는구나
호박꽃은 노랗고 박꽃은 희어서 저승에도 가을빛이 가득하니
곳곳마다 풍년가가 하늘과 땅보다 높고 크구나.

누구나 온 생명 언제나 낱낱이 높고
누구나 온 삶 무엇이든 낱낱이 커서
온 전체로 다함께 길이 풍요로워
서로 갓이 없어 능히 큰마음이구나.

한없이 큰마음은 두마음이 아니니
언제나 무너지지 않고 고귀한 인생 이루고
영원히 시들지 않는 꽃 같은 얼굴로
삼라만상 모두가 밝게 밝게 행복이 웃고 있구나.

스스로 다 이루고 스스로 다 열고
스스로 다 펼치고 스스로 다 무한하니
나는 나를 다시 보태지 않았고
나는 나를 다시 저버리지도 않았구나.

나는 나를 보고 나는 나를 보지 못하니
둥근 달이 만 그림자를 거두어 홀로 밝고
나는 나를 보지 못하고 나는 나를 보니
둥근 해가 만 세상을 비추어 함께 밝구나.

보이는 세계에 들리는 노래 부르나니
고기가 물에서 태평하게 취하고
보이지 않는 세계 들리지 않는 노래 부르나니
벌레가 돌 속에서 여의주를 얻는구나.

모두 능히 보고 모두 능히 듣는 밖에서
모두 능히 보지 못하고 모두 능히 듣지 못하는 밖에서
온 마음 온몸 그대로 겹겹의 관문을 활짝 여니
온 세상 흥대로 써도 처음부터 물들음 없으니 걸림 없구나.

아침에는 하늘을 바다로 만들고
저녁에는 땅을 하늘로 바꾸며
동서남북 온 세상 끝없이 누벼도
언제나 마음은 한결같이 변함없구나.

마음 마음이여 옛과 지금도 이러하여
스스로 무한하고 무한해서 상이 없어
그대 좋은 것을 아낌없이 주고주고 또 주니
통쾌한 웃음소리 이승에도 저승에도 높구나.

마음 마음 마음 생각대로 온 전체로 다 이루고
생각 생각 생각 마음대로 온 전체로 물들음 없이
온몸 온세계 전체가 되어 나머지 없이 끝없이
자욱마다 수북 수북 수북 백천 가지 꽃 피우는구나.

처음과 중간과 끝으로 온 전체로 이루어 활짝 여니
온 세계가 딴 세계 아니요 딴 노래 아니니
손바닥 안에 구슬 구르듯 달빛 속에 계수열매 무르익듯
모두 모두 스스로 무량 낙 마음대로 누리구나.

옥 같은 마음으로 중생을 이루니
중생 전체가 끝없이 청정하고
금 같은 몸으로 부처를 이루니
부처 전체가 끝없이 풍요롭구나.

중생 속에 중생이니 중생이 옥 같아
청정한 세상 밝은 달 온누리 비추고
부처 속에 부처니 부처가 금 같아
풍요로운 세상 맑은 바람 온누리 불구나.

옥 같은 마음으로 금 같은 몸으로
밝은 달 맑은 바람 끝없으니
사바가 극락이요 극락이 사바로 열리어
발아래 우담바라 꽃 참 세상 길이길이 복되구나.

가고 오고 머물고 몇 겁을 굴러도 봄노래 끝이 없고
자욱마다 언제나 풍년가 높으니 가을 춤 넘쳐서
온 마음 온몸 온 세상 온 전체로 큰 행복 이루니
천백억 아름다운 삶 영원히 오늘 또한 누리구나.

온 세상 온갖 일 마음대로 좋고 좋아서
천차만별 제각기 지닌 것을 지녔으니
어느 곳 어느 때에도 제 할 일 다하여
거울 비추듯 낱낱이 밝고 밝게 다 드러났구나.

드러나고 드러나고 드러남 없이 드러나서
금빛사자 내달려 하늘과 땅 똑바로 여니
온 세상 온뜨락에 산호열매 계수열매 무수히 쏟아지고
자욱자욱마다 수북수북수북 우담바라 꽃이구나.

우담바라 꽃잎마다 온 법계 이루고
동서남북 끝없이 온 우주 열고
온갖 세상 드러내 온갖 낙으로
이대로 여의지 않고 무애자재구나.

사바를 떠나지 않고 무한생명 끝없으니
중생의 삶 그대로 열반에 노닐고
본래로 남이 없어 마음대로 해탈이요
본래로 가득해서 스스로 무량공덕이구나.

스스로 갖춘 보배 끝없이 뿌리면서
온 세상 온갖 일 나머지 없이 다하여
고기는 물로 새는 숲 속으로 보내니
온 생명들 마음 놓고 소리 높여 즐겁구나.

삼천대천세계가 다 누구의 집인가
작은 벌레 눈 속에도 삼천대천세계가 열리니
푸른 물결 푸른 바람 언제나 새로워 어디에도 한결같이
옛부터 부족한 것 하나도 없어 낱낱마다 즐거이 누리구나.

생노병사 어디에 있느뇨
그대 또한 한 발자국 삼세를 지나서 눈앞을 펼치니
가도 가도 그대요 와도 와도 그대니 넘치고 넘쳐서
발바닥이 본래부터 삼천대천세계 보다 넓구나.

본래로 간격 없어 본래로 붙지 않아
본래마저 본래에 물들임 없어서
드러난 이대로 본래로 장애가 없어
다시없이 전체를 이루어 흥대로구나.

온 마음 지금 그냥 그대로 무한히 행복하고
온몸 지금 그냥 그대로 무한히 행복하고
온 세상 지금 그냥 그대로 무한히 행복하고
온 마음 온몸 온 세상이 한 덩어리로 무한히 행복하구나.

한바탕 웃는 큰 행복에 온갖 꽃 절로 피어나고
한바탕 웃는 큰 행복에 온갖 열매 무르익으니
스스로 온 세상 끝없이 이루어 부족함이 없고
스스로 온 세상 끝없이 쓰니 여한이 없구나.

온 세상 낱낱이 호박꽃 웃음이요
온 세상 전체로 박 열매 진주라
동서남북 무엇이든 풍요해서
걸음걸음 생각대로 흥이구나.

생각에 생각이 붙지 않으니 생각마다 무진삼매요
말에 말이 붙지 않으니 말마다 무진법문이요
느낌도 느낌이 붙지 않으니 느낌마다 무진 즐거움이요
작용도 작용이 붙지 않으니 작용마다 무진 열반이구나.

인식도 인식이 붙지 않으니 인식마다 무진 풍요로움이요
몸도 몸이 붙지 않으니 몸마다 무진 보궁이요
부처도 부처가 붙지 않으니 부처마다 무진 생명이요
중생도 중생이 붙지 않으니 중생마다 무진 해탈이구나.

앉은 채로 삼천대천세계를 거두었고
앉은 채로 삼천대천세계를 펼치며
항상 마음대로 삼천대천세계 즐기며
항상 마음대로 삼천대천세계 노닐구나.

처음부터 스스로 무한해서 기러운 것 없고
처음부터 스스로 큰 행복 끝없이 넘쳐서
통째로 다 갖춘 낙 아낌없이 펼치니
온 세상 동서남북 해탈 문 크게 열렸구나.

동서남북 길 가운데 쇠북을 걸어놓고
소매 속에 풀 방망이로 사정없이 후려치니
산 사람 다 죽고 죽은 사람 다 살아나서
이승과 저승의 낙을 다함없이 누리는구나. 하!

온 생명 옛과 지금에도 무궁무진 낙이니
낮에는 시장바닥에 진주를 뿌리며 둥근 해와 같이 하고
밤에는 만뜨락에 금꽃을 펼치며 둥근 달과 같이 하니
온 세상 온갖 일 드러내나 감추나 온 전체로 즐겁구나.

온 마음 온몸으로 온 세상을 흥대로 거두고 펼치며
온갖 시비분별 속에 웃음 꽃 터트리고 청풍을 일으키니
본래로 한 티끌도 버릴 수 없어 언제나 풍년이고
스스로 다 갖추고 스스로 다 무한하니 스스로 큰 낙이구나.

스스로 큰 낙이니 동서남북 넘쳐서
삼라만상 낱낱이 다함께 서로 통해
다함없이 무진장 보배로 남음 없이 이루니
흥대로 큰 행복 열리어 온 세상 시원하구나.

팔만사천 뼈 속마다 시원한 바람 끝없으니
남녀노소 빈부귀천 벌거숭이로 춤을 추고
불조와 불보살은 벌거숭이로 노래하니
누더기 중은 먼 암자에서 장단 맞추어 미소 짓누나.

라라리오 라라리오 라라리오 라라리오
둥실둥실 두두둥실 둥실둥실 두두둥실
눈먼 나귀 절룩이며 수미산 위에 수미산을 넘나니
모두모두 제자리에서 무량 낙을 다함없이 누리구나.

생각생각 마음대로 걸음걸음 걸림 없어
산을 보면 산이 되고 물을 보면 물이 되고
꽃을 보면 꽃이 되고 새를 보면 새가 되니
둥근 달 속에 계수열매 마구 쏟아지는구나.

산과 산을 합하여 만 봉우리를 이루고
물과 물을 합하여 만 강물을 이루니
사자를 달리게 하고 용을 날게 하여
소매 자락 높이높이 훠이 훠이 흔들구나.

구멍 없는 젓대 소리 온 세계 울려 퍼져
털난 거북이 하늘에 날아올라 도솔천에 용궁 짓고
껍질 벗긴 토끼 바다에 뛰어들어 용궁에 도솔천을 펼치니
들사람들 씨 뿌리며 태평가를 부르구나.

쾌지나칭칭 이요 본래 얼굴 따로 없고
어야띠야 상사띠야 본래 법 따로 없어
눈 맞추고 발맞추어 서로 떨어질 줄 모르니
세월 안이나 세월 밖이나 언제나 여여하구나.

온 마음 온몸 그대로 여여하니
스스로 하늘이 되어 하늘처럼 살고
스스로 땅이 되어 땅처럼 살고
스스로 온 세상이 되어 온 세상처럼 살구나.

스스로 떠나서 스스로 없으니
스스로 세상 오로지 스스로라
스스로 흥대로 온갖 것 이루어
낱낱이 꼭 맞게 여여히 누리구나.

높고 높은 곳에 큰 웃음 터트리니 천왕의 걱정근심 사라지고
깊고 깊은 곳에 긴 휘파람 소리 용왕의 잠이 편하구나
넓고 넓은 곳에 밝지 않은 곳 없으니 나귀가 춤을 추고
좁고 좁은 곳에 어둠 한 점 없으니 눈먼 불개미 노래 즐겁구나.

만 짐승마다 얼굴에 붙어 있는 코
콧구멍 속마다 삼천대천세계가 통하고
만 짐승마다 얼굴에 붙어 있는 눈
눈동자 속마다 서산에 해와 달 떨어질 줄 모르구나.

시공을 끝없이 해와 달을 굴러
저승이나 이승이나 안팎 없이 비추니
사바나 극락이나 다함없이 밝아서
유정무정 온 세상 감출 수가 없구나.

밝고 밝은 세상에 생긴 대로 거리 가운데 서서
엿판을 두들기며 찹쌀떡을 팔면서
오고 가는 발걸음을 나머지 없이 다 거두니
만리 푸른 바다에 붉은 연꽃 만발했구나. 돌!

아!
납승의 이 한마디 정녕 그대는 아는가?
영겁보다 먼저고 영겁보다 뒤니
하늘과 땅을 언제나 감싸서 온 만물 길러내누나.

언제나 온 세상 다함께 낱낱이 거룩하고
언제나 온 세상 다함께 낱낱이 자유롭고
언제나 온 세상 다함께 낱낱이 평화롭고
언제나 온 세상 다함께 낱낱이 행복하구나.

언제나 온 세상 다함께 낱낱이 여여하고
언제나 온 세상 다함께 낱낱이 원융하고
언제나 온 세상 다함께 낱낱이 무애하고
언제나 온 세상 다함께 낱낱이 아름답구나.

다함께 자기가 자기를 이루어 온 천하요
언제나 자기가 자기를 열어 온 천하요
무엇이든 자기가 자기를 드러내 온 천하요
온 천하를 자기가 자기를 누려온 주인공이구나.

다함께 온 천하의 주인이요 으뜸이요 참이요
다함께 온 천하의 생명이요 빛이요 감로수요
다함께 온 천하의 영광이요 실다움이요 축복이요
다함께 온 천하의 근원이요 결과요 영원함이구나.

아무 곳에나 아무 때나 아무나 똑같이 분명하게
주인공아 주인공아 주인공아 확실히 찾아보면
위 아래 앞 뒤 사방팔방 다함께 너 말고 또 누구이겠냐
나는 너를 여의어도 너는 나를 여읠 수가 없구나.

주인공아 주인공아 주인공아 동서남북 다함께 홀로 밝아서
부르면 즉시에 예 예 예 대답하고
예 예 예 대답하면 나머지 없이 다하여
온 누리가 예 예 예 속에 다 안락하구나.

주인공아 주인공아 네가 정히 주인공이라 하면
본래부터 너의 주인공은 곳곳에 다함께 걸림없고
주인공아 주인공아 네가 정히 주인공이 아니라면
본래부터 너의 주인공은 곳곳에 다함께 물들임 없구나.

다 홀로 벗어나서 다함께 주인공 그대로 하늘과 땅이요
다 홀로 벗어나서 다함께 주인공 그대로 해와 달이요
다 홀로 벗어나서 다함께 주인공 그대로 청풍이요 꽃이요
다 홀로 벗어나서 다함께 주인공 그대로 옛이요 지금이구나.

다 홀로 벗어나서 다함께 주인공 그대로 온갖 곳 온갖 것이요
다 홀로 벗어나서 다함께 주인공 그대로 무진삼매 무진해탈이요
다 홀로 벗어나서 다함께 주인공 그대로 무진생명 무진열반이니
다 홀로 벗어나서 다함께 주인공 그대로 무진자유 무진낙이구나.

언제나 영원한 절대 지금 주인공을 떠나서 주인공 없고
언제나 영원한 절대 지금 주인공을 떠나서 세상 없고
언제나 영원한 절대 지금 주인공을 떠나서 부처 없고
언제나 영원한 절대 지금 주인공을 떠나서 중생 없구나.

주인공 속에 주인공이니 영원히 불생불멸하고
주인공 속에 세상이니 영원히 평화롭고 무너짐 없고
주인공 속에 부처니 영원히 깨달아 자유자재하고
주인공 속에 중생이니 영원히 미해서 원융무애하구나.

온 전체로 낱낱이 장애 없어 언제나 주인공이요
낱낱이 온 전체로 꼭 맞아 무엇이든 주인공이라
안에서도 어긋남이 없어 흥대로 중생이요
밖에서도 틀림이 없어 여여한 부처구나.

부처 속에 부처니 딴 부처 없고
딴 부처 없으니 부처가 중생이요
중생 속에 중생이니 딴 중생 없고
딴 중생 없으니 중생이 부처구나.

부처가 중생이니 극락이 사바요
중생이 부처니 사바가 극락이라
서로 다르지 않아 온 전체로 삼매요
흥대로 삼매니 낱낱이 지혜구나.

지혜 속에 지혜니 딴 지혜 없고
딴 지혜 없으니 지혜가 망상이요
망상 속에 망상이니 딴 망상 없고
딴 망상 없으니 망상이 바로 지혜구나.

망상이 지혜니 머무름이 없고
지혜가 망상이니 물듦이 없고
망상이 지혜로 크게 미하고
지혜가 망상으로 크게 깨닫는 구나.

깨달음 속에 깨달음이니 깨달음 없고
미함 속에 미함이니 미함이 없고
깨달음도 없고 미함도 없으니
본래대로 참나를 무궁무진 행하구나.

앉은 채로 불더미 속에서 청풍을 일으키고
누운 채로 물속에서 파도를 일으키고
선채로 구름 속에서 꽃비를 뿌리며
만 세상 참마음 참몸 참나 그대로 큰 낙 펼치구나.

옛과 지금에도 참마음 참몸 참나 그대로여서
이승과 저승과 한 구멍 속에 오고가며
지옥과 천국과 낱낱이 웃음꽃 터트리니
사바와 극락도 온 전체로 웃음열매구나.

중생 그대로 지옥을 천국으로 바꾸고
부처 그대로 극락을 사바로 옮기니
온 세상 온갖 일 저절로 다 이루어져서
온 생명 스스로 참 세상 참 행복 무한히 누리구나.

서로 누리니 본래 딴 일이 아니라 풍요롭고
서로 함께하니 본래 딴 세상 아니라 평화롭고
서로 꼭 맞으니 언제나 함께 열리어 정답고
서로 똑같으니 동서남북 딴 얼굴 아니라 밝고 밝구나.

동서남북 온 세상 낱낱이 풍년이니
노인은 흰 구름 위에 누워 풀피리 불고
토끼는 왕관을 쓰고 달 속에서 떡방아를 찧고
나귀는 코끼리를 타고 거리 가운데로 나서구나.

앞으로 가도 보배궁전이니 낱낱이 딴 빛깔 아니요
뒤로 가도 보배궁전이니 낱낱이 딴 모습 아니요
중간에 있어도 보배궁전이니 낱낱이 딴 세계 아니어서
아비지옥이 애초부터 온갖 행복 충만한 끝없는 극락세계구나.

극락세계 무엇이든지 다르지 않아
흥대로 온갖 낙 남음 없이 누리니
자욱마다 곳곳마다 무진 보배라
풀잎도 시들 줄 몰라 사시사철 푸르구나.

풀잎마다 산호열매 계수열매 끝없이 쏟아지고
돌멩이마다 청풍명월 온 세상 구석구석 토하니
언제나 좋은 마음 좋은 세상 좋은 일 넘치고 넘쳐서
유정무정 춤과 노래 다함없이 자유자재구나.

자유자재로 무엇이든지 다 이루고
무애자재로 무엇이든지 다 누려도
옛부터 지금까지 방해롭지 않아
지금부터 훗날에도 뜻대로 행하구나.

반쪽 기왓장으로 천백억 왕관을 만들고
한 마리 굼벵이가 천백억 용이 되어 날으니
집집마다 대문이 활짝 열리어 풍악소리 높아
아이들 깡충깡충 온몸 온 마음으로 마구 좋아하는구나.

언제나 무엇이든지 흥대로 좋고 좋으니
만뜨락에 만 꽃이 난발해 시들 줄 모르고
자욱마다 꽃 무지개 찬란해 천진에 맡기니
안팎이 가림 없어 천하가 새롭구나.

날마다 날마다 새롭고 새롭고 새로워서
날마다 날마다 하늘과 땅도 새롭게 열리고
날마다 날마다 온 생명 온 마음 온몸도 새롭고
날마다 날마다 온 세상 온 삶도 새로워 즐겁구나.

용의 눈동자를 애벌레 눈동자로 바꾸고
호랑이 수염을 양의 수염으로 바꾸고
사자 발톱을 토끼 발톱으로 바꾸니
코끼리 코가 다람쥐 코로 새롭구나.

학의 다리를 멥새 다리로 바꾸고
대붕새의 날개를 거북이 등으로 바꾸고
부처의 이마를 호박꽃으로 바꾸니
보살의 손바닥이 들풀로 새롭구나.

조사의 눈썹털을 등나무 줄기로 바꾸고
납승의 발바닥을 무쇠로 바꾸고
하늘과 땅을 사슴뿔로 바꾸니
삶과 죽음이 배꼽 속에 온 꽃으로 새롭고 새롭구나.

언제나 스스로 보고 스스로 꼭 맞아 다함께 새롭고
언제나 스스로 열고 스스로 드러내 다함께 새롭고
언제나 스스로 누리고 스스로 똑같아 다함께 새롭고
언제나 스스로 행하고 스스로 구족해 다함께 새롭구나.

언제나 새로우니 중생에게 물들음 없어 중생이 청정하고
언제나 새로우니 부처에게 물들음 없어 부처가 청정하고
언제나 새로우니 저승에 물들음 없어 저승이 청정하고
언제나 새로우니 이승에 물들음 없어 이승이 청정하구나.

중생이 청정하니 온 세상 온갖 일 한 티끌도 없어 풍요롭고
부처가 청정하니 온 세상 온갖 일 한 티끌도 없어 평화롭고
저승이 청정하니 온 세상 온갖 죽음 한 티끌도 없어 자유롭고
이승이 청정하니 온갖 일 온갖 삶 한 티끌도 없어 무한하구나.

한 티끌도 없어 풍요로워 온 생명 온 세상 그대로 열리고
한 티끌도 없어 평화로워 온 생명 온갖 일 그대로 드러나고
한 티끌도 없어 자유로워 온 생명 온갖 것 그대로 누리고
한 티끌도 없어 무한하니 온 생명 온갖 법 구한 바 없도다.

무엇하나 구한바 없으니 온 생명 온 세상 부족함이 없고
무엇하나 구한바 없으니 온 생명 온갖 일 다 갖추고
무엇하나 구한바 없으니 온 생명 온갖 것 다 능하고
무엇하나 구한바 없으니 온 생명 온갖 법 물들음 없구나.

옛부터 지금까지 조계의 강물엔 한 방울 물도 젖지 않아
만 사람들 옷가랭이 걷지 않고 모두들 건너네
그대 부디 딴 생각일랑 짓지 말도다
보고 듣는 이 밖에 다시 무엇을 구하랴.

스스로 온 세상이 되어 낱낱이 홍대로 펼치고
온 전체로 스스로 되어 온 세상 그림자 없이 거두니
옛과 지금에도 온 마음 온몸 그대로 다름없어라
온 생명 스스로 큰 낙 다함께 온 누리 무한히 꽃피는구나.

그대 항상 온 우주 법계를 마음대로 자유롭고
그대 항상 온 우주 법계를 마음대로 즐거우니
시간과 공간도 따를 수 없어 절대 지금 영원하고
생과 사도 부칠 수 없어 온 세상 온갖 일 저절로 해탈이구나.

9 x 9 = 80 이라 어디에도 물들음 없어 홍대로 삼계를 펼치고
9 x 9 = 81 이라 어디에도 꼭 맞아 홍대로 삼계를 노닐고
9 x 9 = 82 이라 어디에도 걸림 없으니 홍대로 삼계를 드러내어
하나 둘 셋 문수 보현이요 다섯 일곱 여덟 석가 미륵이구나.

군밤 속에 우담바라 꽃이니 문수요
군고구마 속에 마니주니 보현이요
풀빵 속에 법왕궁이니 석가요
호떡 속에 도솔천이니 미륵이구나.

아이고! 아이고! 아이고! 아이고!
임제의 할과 덕산의 방도 찹쌀떡에 녹아지고
희고 검고 옳고 그름도 옛 향로 속에 분명하니
밝고 밝고 밝기가 천백억 해와 달보다 밝구나.

아라리오 아라리오 아라리오 아라리오
삼천대천세계도 보리 콩 팥 속에 있고
보리 콩 팥도 쑥떡 개떡 호박떡 속에도 있고
부처와 중생도 다래 머루 감속에도 있구나.

한 포기 풀에도 온 우주가 열리어 온갖 것 풍요롭고
작은 벌레 눈 속에도 온 세상이 드러나 낱낱이 극락이구나
아침에는 철배를 타고 둥근 해를 띄우며 온 하늘에 노닐고
저녁에는 방석에 앉아 동서남북 둥근 달을 굴리며 한잔 차에 취하구
    나.

딴 마음 없이 취하니 절로 한가하여
둥근 달은 더욱 밝아 온 세상 가림 없어
스스로 안팎이 열려 양변을 여의니
다시 알 것도 없고 다시 모를 것도 없구나.

아는 것도 없고 모르는 것도 없으니 어디에도 치우침 없어
온 천하를 임의대로 응해서 그림자 없이 자유자재하며
부처 오면 꽃 되고 중생 오면 떡 되어서 끝없는 세월에
한 터럭도 모자람 없는 써도 써도 다함없는 큰 보배구나.

아지랑이도 아니고 헛꽃도 아니어서 옛부터 무너지지 않고
고기는 가도 물은 맑아 온 세상 온갖 일 끝없이 물들음 없고
새는 날아도 자취가 없어 온 세상 온갖 일 마음대로 쓰며
오고 가고 머물고 본래부터 온 세상 자유자재하구나.

언제나 흥대로 보배요
무엇이든 흥대로 보배라
한 티끌도 쓸모없지 않고
한 물거품도 허망하지 않구나.

둥근데도 합하고 모난데도 합하고
긴데도 합하고 짧은데도 합하고
붉은데도 합하고 푸른데도 합하고
깨끗한데도 합하고 더러운데도 합하구나.

둥근데도 합하지 않고 모난데도 합하지 않고
긴데도 합하지 않고 짧은데도 합하지 않고
붉은데도 합하지 않고 푸른데도 합하지 않고
깨끗한데도 합하지 않고 더러운데도 합하지 않구나.

세간가 출세간 성인과 범부도 이러하여
멸하나 멸하지 않으나 마음에 헤아림 없구나
성품이 스스로 비어 어디에도 물들음 없으니
무진찰찰 낱낱 티끌마다 속박이 없구나.

속박이 없으니 어느 곳 무엇에도 자유롭고
이승도 저승도 간격 없이 자유롭고
지옥과 천국도 그림자 없이 자유롭고
생각도 마음도 걸림 없이 자유롭구나.

앞생각 있고 뒷생각 없으니
마음이 머문바 없어 만만가지 허물이 없고
뒷생각 있고 앞생각 없으니
머뭄 없는 마음이라 만만가지 바르도다.

앞생각 없고 뒷생각 없으니
마음 바탕 물들음 없어 생각 생각 다르지 않고
생각 생각 다르지 않으니
마음 바탕 흔들림 없어 만만가지 삼매도다.

만만가지 사량분별 천착만착해도
흥에 따라 맡겨도 끝까지 나머지가 없어
본래 나눔이 없어 전체가 언제나 한결같이
성품이 스스로 여여부동 즐겁구나.

오고 가고 가고 오고 머무나 머물지 않으나
거두고 펼치고 펼치고 거두어도 한결같이
만만가지 세상일 아무 탈 없이 자연히
흥얼 흥얼 흥얼 백천 삼매를 즐기누나.

삼매에 삼매가 없으니 무한한 삼매요
해탈에 해탈이 없으니 무한한 해탈이요
적멸에 적멸이 없으니 무한한 적멸이요
보궁에 보궁이 없으니 무한한 보궁이구나.

향상구에 향상구가 없으니 무한한 향상구요
향하구에 향하구가 없으니 무한한 향하구요
평상구에 평상구가 없으니 무한한 평상구요
말후구에 말후구가 없으니 무한한 말후구구나.

대기에 대기가 없으니 무한한 대기요
대용에 대용이 없으니 무한한 대용이요
성품에 성품이 없으니 무한한 성품이요
열반에 열반이 없으니 무한한 열반이구나.

구경처에 구경처가 없으니 무한한 구경처요
절대에 절대가 없으니 무한한 절대요
활발발함에 활발발함이 없으니 무한한 활발발함이요
행함에 행함이 없으니 무한한 행함이구나.

세월에 세월이 없으니 무한한 세월이요
물건에 물건이 없으니 무한한 물건이요
씀에 씀이 없으니 무한한 씀이요
누림에 누림이 없으니 무한한 누림이구나.

길에 길이 없으니 무한한 길이요
문에 문이 없으니 무한한 문이요
열림에 열림이 없으니 무한한 열림이요
무한에 무한이 없으니 무한한 무한이구나.

생각에 생각이 없으니 무한한 생각이요
마음에 마음이 없으니 무한한 마음이요
몸에 몸이 없으니 무한한 몸이요
영혼에 영혼이 없으니 무한한 영혼이구나.

여여에 여여가 없으니 무한한 여여요
부동에 부동이 없으니 무한한 부동이요
광명에 광명이 없으니 무한한 광명이요
공덕에 공덕이 없으니 무한한 공덕이구나.

근원에 근원이 없으니 무한한 근원이요
하나에 하나가 없으니 무한한 하나요
모름에 모름이 없으니 무한한 모름이요
앎에 앎이 없으니 무한한 앎이구나.

원인에 원인이 없으니 무한한 원인이요
결과에 결과가 없으니 무한한 결과요
과정에 과정이 없으니 무한한 과정이요
반야바라밀에 반야바라밀이 없으니 무한한 반야바라밀이구나.

삶에 삶이 없으니 무한한 삶이요
죽음에 죽음이 없으니 무한한 죽음이요
지옥에 지옥이 없으니 무한한 지옥이요
천국에 천국이 없으니 무한한 천국이구나.

태어남에 태어남이 없으니 무한한 태어남이요
윤회에 윤회가 없으니 무한한 윤회요
세상에 세상이 없으니 무한한 세상이요
극락에 극락이 없으니 무한한 극락이구나.

밝음에 밝음이 없으니 무한한 밝음이요
어둠에 어둠이 없으니 무한한 어둠이요
깨달음에 깨달음이 없으니 무한한 깨달음이요
미함에 미함이 없으니 무한한 미함이구나.

나에게 내가 없으니 무한한 나요
너에게 네가 없으니 무한한 너요
우리에게 우리가 없으니 무한한 우리요
온 전체에 온 전체가 없으니 무한한 온 전체구나.

바탕에 바탕이 없으니 무한한 바탕이요
진리에 진리가 없으니 무한한 진리요
구원함에 구원함이 없으니 무한한 구원함이요
얻음에 얻음이 없으니 무한한 얻음이구나.

우주에 우주가 없으니 무한한 우주요
온갖 것에 온갖 것이 없으니 무한한 온갖 것이요
중생에 중생이 없으니 무한한 중생이요
부처에 부처가 없으니 무한한 부처구나.

눈을 떠도 무한한 스스로 순수해 즐겁고
눈을 감아도 무한한 스스로 깨끗해 고귀하고
온 세상 다함께 여여하게 무한히 깨어있고
온 생명 다함께 여여하게 무한한 낙 누리구나.

무한히 딴마음 딴몸 아니어 무궁무진하고
무한히 딴 세계 딴일 아니어 무애자재하고
바탕과 작용이 따로 없어 무한히 한바탕이고
열고 누림이 어긋나지 않아 무한히 한 작용이구나.

언제나 무한히 좋은날 온갖 꽃 난발하고
뜨락 뜨락마다 온갖 보배 무수히 쏟아지니
이승이나 저승이나 그대 떠나 딴 세상없어
용도에 따라 조각조각 꺼내어 흥대로 쓰구나.

흥대로 응해 써도 딴 일이 아니어서
목마르면 물마시고 피곤하면 쉬니
스스로 천하가 절로 태평해서
대장부 할 일 다 마치고 한가함을 즐기구나.

뜨락에 옛 부처가 봄빛에 졸고 있으니
두꺼비가 껑충 뛰어 하늘을 토하고
방석에 앉아 삼삼조사가 한잔 차를 나누니
자라가 한 입에 동해바다를 다 마시구나.

아차차차 천백억 아름다운 세상 무한히 열고
봄날에 활짝 핀 온갖 꽃은 누굴 위해 피었는고?
온갖 세상 온갖 일 흥대로 응해도 나머지 없이
낱낱이 물들음 없어 온 전체로 무한히 자유 자유구나. 하!

처음부터 영원히 딴 일이 아니어서
발바닥 밑에 만년 봄을 오늘 다시 즐기고
흰 소가 수미산을 타고 금강산 일만이천봉을 세우니
동서남북 온 세상 온갖 일 꽃 되어 웃고 웃고 또 웃구나.

웃고 웃으니 웃음마다 웃음꽃 피어
꽃잎마다 웃음으로 온 세상 절로 복되어
귀천에 관계없이 끝없이 풍요라
지금 이대로 꼭 맞아 무진장 안락이구나.

지금 온 세상 그대로 꼭 맞는 세상이니
작은 벌레 눈 속에도 꽃피는 봄을 펼치고
꽃바람 온 들판에 온갖 보배 쏟아지니
언제나 함이 없이 무한히 쓰구나.

옛과 지금이 꼭 맞아 이루고 열고 씀이 한결같고
이승과 저승이 꼭 맞아 이루고 열고 씀이 한결같고
천칠백 공안과 의심이 꼭 맞아 이루고 열고 씀이 한결같고
온 전체로 낱낱이 꼭 맞아 이루고 열고 씀이 한결같구나.

맺으니 본래로 꼭 맞고 풀어도 본래로 꼭 맞아
날마다 무량삼매와 무량해탈을 뉘와 나눌까
9 x 9 = 81이 원래는 9 x 9 = 82이라
앉은 채로 동서남북 천백억 해와 달을 보내구나.

이승에도 저승에도 해와 달 솟아
사바나 극락이나 쌍으로 굴리니
무명이 진여로 열려 온갖 낙 풍요라
삼세를 안팎으로 드러내 절로 오늘 흥대로구나.

언제나 영원한 오늘에 오늘 영원히 복된 날에
흥대로 온 우주 법계를 이루고 열고 쓰니
눈썹털마다 산호열매 계수열매 끝없이 쏟아지고
낱낱 티끌마다 저절로 꽃 속에 꽃 이루어 무한하구나.

흥대로 춤추며 온갖 생명들 꽃 속에 꽃 영원히 꽃피우니
온 세상 모두 다 자기모습 자기이름 아니 가진 것 없어
돌멩이는 돌멩이대로 쿵더쿵 쿵더쿵 쿵더쿵이요
풀잎은 풀잎대로 피리릿 피리릿 피리릿이로구나.

한바탕 큰 웃음 다시 한 번 웃나니 온 세상 구석구석에
이 웃음 지금에서 먼 훗날까지 끊을 줄 몰라
목마른 이 갈증을 시원히 통쾌하게 풀어 주나니
서로 몰라도 그대 온몸 전체가 물이요 밥이구나. 하!

눈으로 보니 전체가 그대 눈이요
귀로 들으니 전체가 그대 귀요
코로 맡으니 전체가 그대 코요
입으로 말하니 전체가 그대 입이구나.

전체가 그대 눈이니 천백억 일월광명여래요
전체가 그대 귀니 천백억 무량성여래요
전체가 그대 코니 천백억 향적여래요
전체가 그대 입이니 천백억 법회여래구나.

그대는 온몸 그대로 옛 부처로 화하여 연지곤지 찍고
깊고 깊은 마을로 들어가 그대 발밑에 진주를 뿌리고
나는 아직 덜된 중이 되어 근심걱정 크게 안고
높고 거칠고 외로운 산봉우리 위에 홀로 앉았노라.

흰 구름 위에 금시조를 날리니 쇠 바람이 싱싱 불어
만 마리 용이 자취를 감추고 여의주가 쏟아지고
만년 보궁에 한 쑥대화살을 날리니 해와 달을 꿰뚫고
새끼 밴 흰 소 정수리에 꽂아 온 세상 우담바라 꽃이로구나.

향긋한 차 한 잔이야 누구인들 맛보지 않으랴
맑은 바람 밝은 달이야 누구인들 읊조리지 않으랴
꽃 수풀 우거진 큰길 누구인들 걷지 않으랴
옛부터 천진 얼굴 누구인들 갖지 않으랴

옛 하늘 그대로 지금 하늘 그대로요
옛 땅 그대로 지금 땅 그대로요
옛 마을 그대로 지금 마을 그대로요
옛 사람 그대로 지금 사람 그대로구나.

달빛은 온 세상 온갖 일 그대로 비추고
별빛은 온 세상 온갖 일 그대로 이야기 해주고
바람은 온 세상 온갖 일 그대로 실어오고
강물은 온 세상 온갖 일 그대로 담아가구나.

푸른 바다위에 흰 구름이니 언제나 한가롭고
흰 구름 밖에 푸른 산이니 언제나 푸르구나
풀끝에 풀 꽃속에 꽃이니 언제나 시들지 않고
흙속에 흙 물속에 물이니 언제나 서로 다르지 않구나.

서로 다르지 않으니 서로 사사로움 없어
서로 이루고 열고 드러내고 함께 통해서
한 티끌도 버리지 않고 큰 보배 누리니
무엇이든지 온갖 낙으로 우담바라 꽃이구나.

돌마다 우담바라 꽃이요 우담바라 꽃마다 돌이니
돌마다 하늘이요 하늘마다 우담바라 꽃이구나.
우담바라 꽃마다 바다요 바다마다 진주라
진주마다 바람이요 바람마다 우담바라 꽃이구나.

우담바라 꽃마다 새요 새마다 흙이라
흙마다 구름이요 구름마다 우담바라 꽃이구나
우담바라 꽃마다 저승이요 저승마다 유리궁전이니
유리궁전마다 춤이요 춤마다 우담바라 꽃이구나.

우담바라 꽃마다 행복이요 행복마다 해탈이니
해탈마다 이승이요 이승마다 우담바라 꽃이구나
우담바라 꽃마다 생명이요 생명마다 온 우주라
온 우주마다 극락이요 극락마다 우담바라 꽃이구나.

안도 우담바라 꽃이요 밖도 우담바라 꽃이요
앞도 우담바라 꽃이요 뒤도 우담바라 꽃이구나
서로 여윌 수 없어 온 전체로 다 우담바라 꽃이요
서로서로 자유자재로 낱낱마다 다 우담바라 꽃이구나.

손을 펼쳐도 온 세상 어느 곳에도 우담바라 꽃이요
손을 거둬도 온 세상 어느 것에도 우담바라 꽃이니
얼굴 가득히 행복한 웃음 피어 온 세상 누구에게도
옛부터 맺은 정이 끝없이 물결쳐 넘치고 넘치구나.

온 마음 온몸 온 세상 온 생명으로 넘치고 넘쳐서
무쇠거북이는 춤추며 해와 달을 끝없이 삼키고 토하고
대붕새는 노래하며 온갖 보배 끝없이 토하고 삼키니
집집마다 창안에 큰 행복 웃음소리 하늘보다 높구나.

하늘 보다 큰 행복 서로서로 아낌없이 나누고
하늘 보다 큰 웃음 서로서로 온 세상 넘치니
유정무정도 신이 나서 춤과 노래 끝없고
이승도 저승도 한 생명이라 한 마음을 즐기구나.

마음 마음 마음이여 그대를 떠나 있지 않구나
마음이 중생이요 마음이 부처요 마음이 그대니
중생이든 부처든 마음이든 그대 마음대로구나
백천만겁 무량삼매를 온 세상 뉘와 함께 나눌까.

마음 마음속에 딴 마음 없으니 마음마다 티 없이 해탈이고
백천 마음 마음 그대로 허물없어 온 세상 마음대로 법이구나.
법 법속에 딴 법 없으니 법마다 티 없어 자유롭고
백천 법 법이 그대로 온 세상 온갖 일 다 갖추어 열구나.

본마음 본바탕 본래로 언제나 순수해 즐겁고
본래 법 본바탕 본래로 언제나 청정해 활발하니
온 세상 온갖 일 온 전체로 꼭 맞아 남김없이 다 통하고
본마음 본래 법 온 전체로 다 드러내어 어디에도 치우침 없구나.

어디에도 치우침 없으니 마음 마음 여여하고
온 세상 낱낱이 법 법 그대로 언제나 무너짐 없어서
온 마음 온 법 본래대로 변함없이 평화롭게 누리니
온 법 온 마음 꼭 맞게 무엇이든 밝고 무엇이든 다 좋구나.

스스로 꼭 맞으니 천하가 꼭 맞고
스스로 밝으니 천하가 밝고
스스로 좋으니 천하가 좋아서
무엇이든 그대로 홍대로 맡기구나.

된다 해도 좋고 안 된다 해도 좋다
돼도 좋고 안 돼도 좋다는 것은 무엇인가
됨 속에 됨이 없고 안됨 속에 안됨 없으니
처음과 끝에도 물들음 없고 안과 밖에도 다 이루구나.

되는 것은 되는 것으로 꼭 맞아
되는 것으로 낱낱이 되어서 홍대로요
안 되는 것은 안 되는 것으로 꼭 맞아
안 되는 것으로 온 전체로 되어서 홍대로구나.

안다 해도 좋고 모른다 해도 좋다
안다 해도 좋고 모른다 해도 좋다는 것은 무엇인가
앎 속에 앎 없고 모름 속에 모름 없으니
처음과 끝도 딴 것이 없고 안과 밖도 다 밝구나.

아는 것은 아는 것으로 꼭 맞아
아는 것으로 낱낱이 알아 홍대로요
모르는 것은 모르는 것으로 꼭 맞아
모르는 것으로 온 전체로 알아 홍대로구나.

한 티끌도 가림이 없으니 남음 없이 밝고
한 티끌도 드러냄 없으니 남음 없이 어두워
언제나 어느 곳이든 무엇이든 밝고 어두워서
밝고 어두움이 똑같아 안팎이 꼭 맞게 이루어 누리구나.

어둡고 어둡고 어두워서 참으로 밝으니 새가 꽃을 물고 날고
밝고 밝고 밝아서 참으로 어두우니 용이 여의주를 얻고
어둡고 어둡고 어두워서 참으로 어두우니 호랑이 잠이 편안하고
밝고 밝고 밝아서 참으로 밝으니 나귀의 일이 즐겁구나.

온 생명 온 세상 온갖 일 똑같이 즐거워서
제각기 제 뜨락에 제 맞는 삶 무한히 이루고
봄 여름 가을 겨울 홍대로 펼치니 꼭 맞아서
그대 발밑에 온갖 보배 무궁무진 하구나.

부처가 이 땅에 오신 뜻은 무엇인가
그대 발밑에 진주를 가리키는 구나.
조사가 이 땅에 오신 뜻은 무엇인가
그대 발밑에 진주를 쓰구나.

중생의 생사해탈은 무엇으로 할꼬
밥 공양 후에 차 공양이 있느니라
납승은 불조의 은혜를 무엇으로 갚을꼬
절름발이 나귀가 눈먼 코끼리를 끌고 천백억 해와 달을 띄우구나.

눈을 부릅뜨니 코 밑에 흙먼지가 없어
걸음마다 우담바라 꽃향기 진동하고
귀를 활짝 여니 사방에 코 고는 소리뿐이니
옛부터 온 세계가 태평가에 노닐구나.

밝고 밝고 밝은 크게 밝은 하늘과 땅에
세상에 할 일도 많을 텐데 할 일 다 잊고
누가 네 활개 활짝 뻗고 길 가운데 누웠냐
하나 둘 셋 일곱 여덟 아홉이구나.

하나 둘 셋 일곱 여덟 아홉이여
자기도 보이지 않는 캄캄한 밤에
삼천대천세계를 낱낱이 훤히 보고 있나니
낮에는 등불 켜지 않고 밤에는 먹물 뿌리지 않구나.

스스로 성품의 등불이 밝고
스스로 법의 등불이 밝아서
항상 여여하여 온누리 무진겁을 비추니
서로서로 꼭 맞아 딴 일이 없구나.

딴 일이 없으니 서로 갈등 없어 온 삶이 평화롭고
오고 가고 머물고 변함없이 온누리 자유롭고
모든 곳 모든 일 마음 끝 행해도 낱낱이 행복하고
언제나 똑같아 온 전체가 제 바탕을 여의지 않았구나.

호박넝쿨에 호박이 열리니 동쪽하늘에 해가 밝고
박넝쿨에 박이 열리니 서쪽하늘에 달이 밝고
호박꽃은 노랗고 박꽃은 희니 동서남북에 해와 달이 쌍으로 밝고
어느 곳 어디에도 진실하여 온 세계가 다 복되구나.

낱낱이 제 모습대로 복 누리고
낱낱이 제 빛깔대로 복 누리고
낱낱이 제 이름대로 복 누리는데
온 법계 어느 누가 감히 방해하랴.

아무도 탓 할 수 없음이여 봄빛 옴에 꽃피고
아무도 막을 수 없음이여 가을빛에 열매 익고
옛부터 지금까지 흩어짐 없어 빛있는 곳에 밝지 않은 곳 없으니
꼭지까지 맑은 바람 일고 뿌리까지 그림자 한 점 없구나.

언제나 맑은 바람이니 붉은 것은 전체가 붉고
언제나 그림자 한 점 없으니 흰 것은 전체가 희어서
온 우주가 나머지 없이 다 열리어 밝고 밝으니
이승이나 저승이나 낱낱이 다 드러나 속일 수가 없구나.

소매자락 속에 여의주를 감추어도
스스로 그 빛이 온누리에 쏟아져 나와
해골바가지 속에도 우담바라 꽃 난발하고
예로부터 온갖 맛 중에 물맛이 제일이라 하구나.

아무 맛없는 물맛 방울마다 감로수라
동해바다 보다 큰 폭포가 되어 순식간에 온누리 적시니
중생은 중생의 업이 녹아 부처를 이루고
부처는 부처의 업이 녹아 중생을 즐기구나.

중생의 업이 녹아 부처를 이루니
중생을 떠나 따로 부처가 없고
부처의 업이 녹아 중생을 즐기니
부처를 떠나 따로 중생의 낙이 없구나.

중생을 떠나서 따로 부처가 없으니
중생 그대로 부처로 그대를 만나 온 세상 평화롭고
부처를 떠나서 따로 중생의 낙이 없으니
부처 그대로 중생으로 그대를 만나 온 세상 풍요롭구나.

달은 밤을 만나야 더욱 밝고
고기는 물을 만나야 더욱 자유롭고
새는 숲을 만나야 더욱 평온하고
사람은 참 나를 만나야 더욱 행복하도다.

달에게 밤을 빼앗으니 달 스스로 밤이요
고기에게 물을 빼앗으니 고기 스스로 물이요
새에게 숲을 빼앗으니 새 스스로 숲이요
사람에게 참 나를 빼앗으니 사람 스스로 참나구나.

참 나여 만뜨락에 활짝 웃는 꽃을 가리키고
참 나여 풀잎마다 온갖 열매 마구 쏟아지게 하고
참 나여 동서남북 청풍명월 끝없이 보내고
참 나여 집집마다 천백억 문을 확실히 열게 하구나.

천백억 문마다 천백억 시장으로 통하고
가고 오고 노닐고 옛부터 자유자재니
스스로 물결을 일으켜 온갖 낙 즐기며
일체를 남김없이 구현해 제 멋에 맡기구나.

본래 어긋남이 없어 항상 바르니
누구나 무위진락 여여히 즐기며
온 세상 낱낱이 온 전체로 화하여
서로서로 함이 없어 끝없이 펼치구나.

온 우주를 펼치고 온 우주를 거둠이여
봄 여름 가을 겨울이 언제나 제자리에 꼭 맞고
온 생명마다 얼굴을 주고 나타냄이여
나머지 없는 얼굴이 미래 겁이 다하도록 무너지지 않구나.

서로 다르지 않아 서로 어긋날 수 없고
서로 보고 서로 웃으니 온갖 낙 나뉘고
옛이나 지금이나 훗날도 감출 수 없어
성인과 범부도 부처도 중생도 딴 얼굴 아니구나.

딴 얼굴 아니니 언제나 함께 웃고
함께 웃으니 얼굴마다 해와 달 쌍으로 밝구나
마음속에 마음이니 언제나 서로 영원하고
몸속에 몸이니 언제나 서로 함께 하구나.

언제나 서로 막힘이 없고
무엇이든 함께 드러내니
다함없이 함께 펼치고
남음 없이 함께 즐기구나.

본래로 함께해서 떨어진 적 없고
본래로 함께해서 갓이 없으니
본래로 똑같아서 원융무애라
조불 조사가 일체중생으로 노닐구나.

일체중생 속에 조불조사여 돌멩이마다 큰 광명을 놓으니
천하가 나를 얻어 사바세계가 극락세계요
조불조사 속에 일체중생이여 풀잎마다 우담바라 꽃피우니
내가 천하를 얻어 극락세계가 사바세계구나.

조불조사를 받들고 일체중생의 살림이 똑같아서
걸음걸음마다 이 좋은 세상 이 좋은 낙 길이 누리거라
본래 자기 얼굴은 온 우주보다 가득하고 모자람 없어
사자가 삽살개로 화하여 태평가를 펼치구나.

내가 가는 곳마다 온갖 고뇌 사라지고
내가 가는 곳마다 온갖 낙 절로 넘쳐
만 세상 어느 곳에나 기러운 것 하나 없어
이 무한한 행복과 자유를 영원히 누리구나.

앞뜰에 비 내리니 온 만민이 서로 사랑하고
뒷산에 햇빛 쏟아지니 온 만민이 서로 즐겁고
앞집 뒷집 대문이 열리니 온 만민이 서로 행복 나누고
앞길 뒷길 온갖 보배 쏟아지니 온 만민이 서로 큰 부자구나.

부귀는 세상 온 만민에 돌리고
청빈은 우둔한 중 홀로 즐기나니
오늘은 조불조사께 무슨 공양 올릴까
가진 것 없는 이 중은 그저 예 예 예.

성인에게 더 한 것 없어 콧구멍이 휑하고
범부에게 덜 한 것 없어 발바닥이 두툼해
봄에는 들에 나가 씨를 뿌려 온 세상 즐기고
가을에는 만 뜨락에 온갖 열매 거두고 둥근달 띄우구나.

휘영청 둥근달 온 누리에 가득하여
낱낱 티끌에도 법왕궁을 이루고
낱낱 물거품에도 도솔천을 드러내니
이대로 서로 꼭 맞아 흥대로구나.

땅에 넘어진 자 땅을 딛고 일어나니 옛부터 한 뿌리요
물에 빠진 자 물을 헤쳐 벗어나니 옛부터 따로 없구나
중생을 떠나서 부처 없으니 옛부터 더한 것이 없고
부처를 떠나서 중생 없으니 옛부터 부족한 것이 없구나.

서로 온 세상 온몸 온 마음이라 한결같이 여여하고
저절로 만고에 풍년가 높고 온갖 즐거움 넘쳐서
때와 장소를 흥대로 열면서 무궁무진으로
온갖 보배 아낌없이 자욱마다 뿌리구나.

일체를 함께 하면서 일체에 물들지 않고
일체를 마음 끝 행하니 일체가 낱낱이 큰 보배구나
서로서로 여의지 않아 서로서로 일체여서
서로서로 일체로 낱낱이 큰 보배 큰 낙 항상 누리구나.

무엇이든 남음 없이 누리고
언제나 다함없이 펼치며
동서남북 제자리에 맞쳐서
흥대로 온갖 세상 행하는구나.

얼굴을 씻지 않고 머리에는 수미산을 이고
손발을 씻고 절룩 절룩 절룩 파도 위를 걷는다
천백억 고기가 펄쩍 뛰어 푸른 하늘에 벽력 치니
한 바탕 웃음꽃 만뜨락에 어지러이 떨어지구나.

온 법계가 꽃비에 젖어서
시간과 공간에도 웃음바다요
이승과 저승에도 태평가 높아
유정도 무정도 춤과 노래구나.

유정은 유정으로 무애자재요
무정은 무정으로 자유자재라
사바와 극락으로 다름없어서
서로 얽히어도 그늘이 없구나.

그림자 없는 나무 때 없이 푸르러서 잎새마다 해와 달 솟아
온 세계 구석구석 그림자 없이 비추어 티끌마다 옥토구나
가꾸지 않아도 온 들판에 오곡이 물결치니 언제나 풍년이고
온 생명이 마음 끝 흥대로 삼세에 노닐며 큰 행복 펼치구나.

이름도 구하지 않고 직위도 바라지 않으니
길가에 돌멩이도 통쾌한 웃음 터트리고
이익도 바라지 않고 손해도 상관치 않으니
발아래 한키나 자란 풀잎 만리 향기 보내구나.

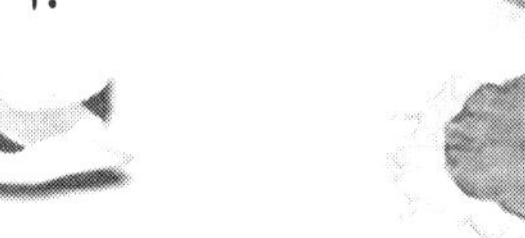

내 본래 한 물건도 갖지 않아 어디에도 물들임 없고
성공도 실패도 또한 논하지 않아 언제나 평온하다
다툼 없는 이 낙을 그대는 아는가
온 천하를 걸림 없이 자유롭게 하구나.

모양도 이름도 빛깔도 맛도 없이 꽃이 되고
모양과 이름과 빛깔과 맛을 나타내며 꽃을 즐기며
생노병사에 마음 끝 젖으면서 나무소가 되어
불길 속에 오고 가고 머물고 춤추고 노래하구나.

낮에는 낱낱이 만해를 토하고
밤에는 낱낱이 만달을 토하고
봄에는 낱낱이 만 꽃바람 토하고
가을에는 낱낱이 만 익은 열매 토한다.

눈빛 따라 낱낱이 만 하늘을 이루니
지렁이가 용이 되어 여의주를 토하고
걸음 따라 낱낱이 만 땅을 펼치니
풀잎들 저절로 흥겨워 온갖 곳에 제자리구나.

풀잎마다 풀잎 속에 온 우주가 열리고
제자리 안에 온갖 세상 끝이 없어서
유정 무정 제 맞는 삶 능히 이루어 누리고
참 생명 참 행복 무한히 동서남북 펼치구나.

노을빛 반쯤 취한 석양 길에
뭇짐승들 동서남북 제 보금자리 찾아 가네
앞서거니 뒷서거니 어미와 새끼 뒤 따르네
그림 같은 이 풍경을 합장하며 바라보누나.

부디 세상 풍파에 물들진 말거라
사랑하고 미워하고 오장육부 찢어 놓나니
곁눈질 하지 말고 앞만 보고 가거라
그늘 없는 둥지 찾아 딴 짓 말고 가거라.

앞에 가면 앞에 가니 산이 푸르고
가운데 가면 가운데 가니 풀이 푸르고
뒤에 가면 뒤에 가니 물이 푸르고
한 걸음 두 걸음 세 걸음 순서대로 가거라.

먼 옛날이 지금이요 지금이 먼 훗날이니
지금 바로 가야 삼세가 편안구나
온몸 온 마음 똑바로 보고 꼭 맞게 가거라
낱낱이 온 전체로 흩어짐 없이 쉬지 말고 가거라.

오늘날 이 세상사람 사는 것 어떠하냐
온갖 문화 문명 제 잘났다고 뽐내지만
질병과 굶주림과 갈등과 전쟁과 혼돈이 그칠지 모르니
아! 어찌하랴, 이 무지를, 슬프구나. 가슴 아프구나.

동서남북 온 세상 어떤 탐욕도 뚫고 지나거라
동서남북 온 세상 어떤 성냄도 뚫고 지나거라
동서남북 온 세상 어떤 어리석음도 뚫고 지나거라
동서남북 온 세상 어떤 사상도 뚫고 지나거라.

동서남북 온 세상 어떤 신도 뚫고 지나거라
동서남북 온 세상 어떤 종교도 뚫고 지나거라
동서남북 온 세상 어떤 철학도 뚫고 지나거라
동서남북 온 세상 어떤 정치도 뚫고 지나거라.

동서남북 온 세상 어떤 문화도 뚫고 지나거라
동서남북 온 세상 어떤 문명도 뚫고 지나거라
동서남북 온 세상 어떤 과학도 뚫고 지나거라
동서남북 온 세상 어떤 물질도 뚫고 지나거라.

동서남북 온 세상 어떤 삶도 뚫고 지나거라
동서남북 온 세상 어떤 죽음도 뚫고 지나거라
동서남북 온 세상 어떤 근원도 뚫고 지나거라
동서남북 온 세상 어떤 결과도 뚫고 지나거라.

동서남북 온 세상 캄캄한 밤을 뚫고 지나거라
동서남북 온 세상 새벽닭 울음소리를 뚫고 지나거라
동서남북 온 세상 어떤 밝은 낮도 뚫고 지나거라
동서남북 온 세상 온 우주와 자기 자신도 뚫고 지나거라.

어디에도 얽매이지 않아 어디에도 자유롭고
천백억 무엇에도 물들음 없어 처음부터 무너짐 없구나
흙 속에 흙은 때 묻지 않았고 옥 속에 옥은 끝없이 굴러 빛나니
온 마음 온몸 나머지 없이 꽃피어 온 세상 무한히 복되구나.

삶 속에 삶이니 삶마다 무량 낙이요
죽음 속에 죽음이니 죽음마다 무량 삶이구나
흙 속에 흙을 뿌리니 사바가 극락국토요
옥 속에 옥을 굴리니 극락국토가 영원하구나.

곳곳마다 무진 보배요 유정무정 무진 행복이니
서로서로 부족함 없어 서로서로 무한히 즐거우니
절름발이 나귀가 옥피리 무진장 불면서
금강산 일만이천봉을 동서남북에 펼치구나. 하!

마주보니 웃음꽃이요 떨어지니 웃음열매라
날마다 날마다 좋은 낙 좋은 세상 길이 펼치구나
한 알 옥을 쪼개어 천백억 세계를 이루고
천백억 세계를 이루어 천백억 옥을 굴리구나.

한 생각이 천백억을 이루고 한 생각이 천백억을 거두고
스스로 한 생각 자유자재니 스스로 홍대로 천백억 즐기구나.
한 생각이 영겁이 되고 영겁이 한 생각이 되니
한 생각이 온 우주전체가 되고 온 우주전체가 오직 한 생각이구나.

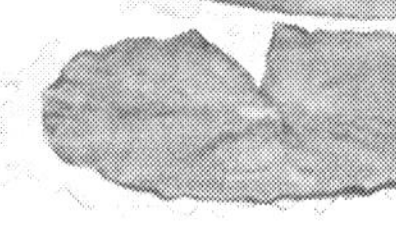

한 생각이 삶이 되고 한 생각이 죽음이 되니
삶이 한 생각이요 죽음이 한 생각이구나
누가 한 생각 일으키고 누가 한 생각 멸하냐
온 우주전체 어디에도 스스로 자기 말고 또 누구이겠나.

생각 생각이 자취가 없으니 생각 생각이 물들음 없고
생각 생각마다 물들음 없으니 생각 생각마다 무량삼매요
나고 죽음이 없으니 나고 죽음이 본래 없고
나고 죽음이 본래 없으니 나고 죽음마다 무량해탈이구나.

스스로 나고 죽음 흥대로 하고
스스로 온갖 세상 흥대로 해도
스스로 자취가 없어 어디에도 속하지 않고
스스로 이루어 거두고 펼침이 여여하구나.

낱낱 티끌에도 온 우주를 열고 무한한 생명으로
참 세상 참 행복 길이 펼치며 무한히 즐기니
천백억 삶 처음부터 어긋나지 않아 무한한 참됨으로
언제나 힘차게 무한하고 무한하고 또 무한하구나.

스스로 본래부터 무한해서 어디에도 드러나고
무한한 스스로를 끝없이 어디에도 빠지지 않고
무한한 세상 무한한 삶 온 전체로 똑같아 나머지 없이
낱낱이 온 전체로 무한한 낙 길이 누리구나.

아름다운 꽃 만발한 무한한 봄날에 고운 빛 따라
온 세상 온갖 일 무한히 이루고 한 가지도 버리지 않고
온 세상 온갖 일 무한히 열고 무한히 쓰며
온 세상 온갖 일 흥대로 무한히 자유자재하구나. 하!

아! 나란 무엇인가?
시비분별마다 무량삼매인 나란 무엇인가?
스스로 온 세상 이루어 무한히 자유자재한 나란 무엇인가?
나란 실체는 정녕 무엇인고? 이 뭣고?

궁구하고 궁구하고 궁구하고 궁구함 없이 궁구하고
잠에서나 꿈에서나 평상시나 나머지 없이 궁구하고
무엇을 하든 하지 않던 간격 없이 한결같이 궁구하고
처음도 끝도 없이 온 전체 한 덩어리로 끝없이 궁구하구나.

궁구하고 궁구하고 궁구하고 궁구함만 뚜렷하고
궁구하고 궁구하고 궁구하고 궁구함만 남아
궁구하고 궁구하고 궁구하고 궁구함만 지나니
머뭄 없는 본래 자리 옛부터 확연하고 확연하구나

본래자리 마저 지나고 지나고 지남 없이 지나서
낱낱이 어디에도 의지하지 않았으니
드러나고 드러나고 드러나 홀로 드러나
온 전체로 남김 없는 나 확실히 만나구나.

당장에 이 마음 이 몸 사무쳐 열리니
보는 것도 보이는 것도 따로 없어서
깨끗하고 깨끗하여 끝없이 밝아
한 법도 얻지 않고 흥대로 일체를 이루어 쓰구나.

온 마음 온몸 온 세상 전체가 나 아닌 것 없고
온 마음 온몸 온 세상 전체가 해탈 아닌 것 없고
온 마음 온몸 온 세상 전체가 삼매 아닌 것 없고
온 마음 온몸 온 세상 전체가 열반 아닌 것 없구나.

온 마음 온몸 온 세상 낱낱이 그대 아닌 것 없고
온 마음 온몸 온 세상 낱낱이 진여 아닌 것 없고
온 마음 온몸 온 세상 낱낱이 실상 아닌 것 없어서
이대로 법계를 열어 끝없는 생명으로 초월하구나.

절대 현재도 절대 영원도 초월해서 펼치고
돈오돈수도 돈오점수도 초월해서 펼치고
절대 구경처도 절대 나도 초월해서 펼치고
깨달음도 미함도 초월하고 초월해서 펼치구나.

향상구도 초월하고 초월해서 펼치고
향하구도 초월하고 초월해서 펼치고
평상구도 초월하고 초월해서 펼치고
말후구도 초월하고 초월해서 펼치구나.

불조도 초월하고 초월해서 펼치고
절대삼매도 초월하고 초월해서 펼치고
절대열반도 초월하고 초월해서 펼치고
절대해탈도 초월하고 초월해서 펼치구나.

초월하고 초월하고 일체를 끝없이 초월하니
일체를 끝없이 초월한 자리 따로 있음이 아니라
지금 이대로 바로 일체를 끝없이 초월하고
일체를 끝없이 초월한 자리 바로 지금 이대로구나.

이승도 저승도 이러하여 흥대로 누리고
지옥도 천국도 이러하여 흥대로 누리고
사바도 극락도 이러하여 흥대로 누리고
중생도 부처도 이러하여 흥대로 누리구나.

가나 오나 이러하여 흥대로 누리고
머무나 떠나나 이러하여 흥대로 누리고
꿈꾸나 꿈깨나 이러하여 흥대로 누리고
잠자나 잠깨나 이러하여 흥대로 누리구나.

색도 공도 이러하여 흥대로 누리고
시간도 공간도 이러하여 흥대로 누리고
시작도 끝도 이러하여 흥대로 누리고
유도 무도 이러하여 흥대로 누리구나.

언제나 무엇이든 스스로 서로 한 치도 어긋나지 않고
언제나 무엇이든 스스로 서로 한 치도 틀림없고
언제나 무엇이든 스스로 서로 한 치도 꼭 맞고
언제나 무엇이든 스스로 서로 한 치도 다르지 않구나.

성인과 범부도 스스로 서로 한 치도 차이 없고
가고 오고 머물고 안팎에도 꾸밈이 없어서
스스로 서로 물결을 일으켜 온갖 낙 즐기니
작은 벌레 눈 속에도 만리 꽃피는 봄을 펼치구나.

낱낱이 하늘과 땅을 뒤덮으니 어디에도 나머지 없고
낱낱이 하늘과 땅을 쓰니 어디에도 모자람 없고
낱낱이 하늘과 땅을 합하니 어디에도 꼭 맞아
낱낱이 온 전체로 구현하고 끝없이 초월해 나 그대로구나.

나 그대로 온 우주 법계를 흥대로 이루고
나 그대로 온 우주 법계를 흥대로 열고
나 그대로 온 우주 법계를 흥대로 드러내고
나 그대로 온 우주 법계를 흥대로 쓰고 누리구나.

나 그대로 의식과 잠재의식과 무의식을 끝없이 벗어나고
나 그대로 의식과 잠재의식과 무의식을 끝없이 응하고
나 그대로 의식과 잠재의식과 무의식을 끝없이 매하지 않고
나 그대로 의식과 잠재의식과 무의식을 끝없이 걸림 없이 쓰구나.

나 그대로 몰록 깨닫고 점차로 닦음도 지나 지금이고
나 그대로 몰록 깨닫고 몰록 닦음도 지나 지금이고
나 그대로 몰록 깨닫고 몰록 행함도 지나 지금이고
나 그대로 본래 깨닫고 본래 행함도 지나 지금이구나.

나 그대로 부처를 깨닫고 부처의 행도 지나 지금이고
나 그대로 즉시 부처요 즉시 부처의 행도 지나 지금이고
나 그대로 참 나요 참 나의 행도 지나 지금이고
나 그대로 본 나요 본 나의 행도 지나 지금이구나.

나 지금 온 전체로 절대 미하지 않아 무명이 진여요
나 지금 온 전체로 삼계에도 미하지 않아 번뇌가 해탈이요
나 지금 온 전체로 영겁에도 미하지 않아 망상이 삼매요
나 지금 온 전체로 홀로 밝고 밝고 밝아 생사가 열반이구나.

나 지금 온 전체로 온 세상 영원히 절대 자유자재 함이여
나 지금 온 전체로 이승이나 저승이나 절대 자유자재 함이여
나 지금 온 전체로 세월 밖이나 세월 안이나 절대 자유자재 함이여
나 지금 온 전체로 홀로 드러나고 드러나고 드러나 감출 수가 없구
　나.

어디에도 감출 수가 없으니 산은 산이요 물은 물이요
눈앞에 확연히 드러나니 산은 높고 물은 깊으며
확연히 드러나도 자취가 없으니 산이 물위로 가고
앞산이 하늘보다 높으니 물이 산위로 흐르구나.

산속에 산이니 물로 산이요
물은 물이니 물속에 산으로 물이라
산은 산으로 드러내 물로 유유하고
물은 물로 감추어 산으로 우뚝하구나.

부처는 부처에게 감추니 온 세상이 티가 없고
어디에도 티가 없으니 온 세상이 다 극락국토구나
중생은 중생에게 감추니 어디에도 나머지가 없고
어디에도 나머지가 없으니 온 세상이 다 부처구나.

다 부처니 푸른 것은 푸르러서 언제나 푸름이고
다 부처니 맑은 것은 다 맑아서 언제나 맑음이고
다 부처니 밝은 것은 다 밝아서 언제나 밝음이고
다 부처니 낱낱이 다 가득해서 언제나 천하구나.

천하는 천하에 맡기니 처음부터 어긋나지 않아
산하대지 노래요 산하대지 춤이요
나는 나를 행하니 처음부터 천하와 다름없어
혼천지 노래요 혼천지 춤이구나.

천하가 그대니 눈썹털이 하늘이요
그대가 천하니 발가락이 땅이라
스스로 천하를 스스로 펼치고 거두며
삼계를 춤과 노래로 굴리며 온갖 낙이구나.

무명이 진여로 춤과 노래로 온갖 낙이요
번뇌가 해탈로 춤과 노래로 온갖 낙이요
망상이 삼매로 춤과 노래로 온갖 낙이요
생사가 열반으로 영겁토록 여여한 낙이구나.

영겁토록 무너지지 않고 물러서지 않고 빈틈없이
때와 장소를 가리지 않고 저승이나 이승이나
천백억 해와 달보다 더욱 밝게 밝게 춤과 노래 다함없으니
온 우주 낱낱 티끌에도 다 드러내어 다 복되구나.

낱낱 티끌에도 무진 보배 무한히 열리어
온 세상 그대로 무위진락을 다함없이 즐기니
동서남북 태평가 태평춤 빠짐없이 끝이 없어
금강산 일만이천봉이 그대 속눈썹털 속에도 있구나.

언제 어느 곳 어느 것에도 온 생명이 가득하여
스스로 온 우주로 다함께 낱낱이 온 우주로 행하니
그 어떤 누구도 멸하지 못하고
그 어떤 까닭에도 무너지지 않도다.

아무 까닭 없으니 안팎이 열려서
절로 실상이 드러나 여여부동으로
이대로 진여를 누리어 무애자재로
스스로 온 법계를 이루어 자유자재구나.

스스로 발바닥이 온 우주보다 커서
앞산을 뭉개어 바다를 만들고
천둥 번개 벼락을 웃음 속에 감추고
푸른 물결을 일으켜 천백억 고기를 키운다.

울긋불긋 깃발을 펄럭이며 법왕궁을 펼치니
천백억 고기가 치솟아 하늘과 땅을 거꾸로 열자
일체중생은 그림자도 찾아볼 수 없고
조불조사는 고기 뱃속에 흔쾌히 몸을 의지하구나.

온 전체로 활발발한 온 우주의 고기
일체중생의 자취 없는 무한한 바탕이요
조불조사의 다함없는 무한한 현신이니
영원히 무너질 수 없는 무한 생명이구나.

무한생명 무한히 이루어 자유니
처음과 중간과 끝을 한 바탕으로
다함께 온 전체로 낱낱이 풍요라
돌 속에도 꽃은 피어 흥대로 세계구나.

돌 속에 도솔천 내원궁이 있고
내원궁 속에 큰 강물 흐르고
큰 강물 속에 미륵이 고기가 되어 노닐고
한 마리 고기가 만 떨기 꽃을 물고 노닐구나.

만 떨기 꽃마다 온갖 세상 이루니
온갖 세상 다 꽃 속에 평화구나
그대 마음대로 온갖 꽃 꽃피우니
온 생명 온갖 세상 무한히 즐기구나.

봄빛 옴에 옛과 지금에도 딴 생명 아니어서
온 세상 만 뜨락에 한결같이 풀 푸르지 않으랴
봄바람 부니 높은 산 깊은 골마다 딴 모습 아니어서
온갖 꽃 제멋대로 피어 다함없이 아름답지 않으랴.

온갖 새 노래 소리 끝없이 청아로워 그림자 없고
내 마음 절로 평화로워 나머지 없어서
서로 따르니 사바정토 극락세계요
서로 사사로움 없으니 극락세계 사바정토구나.

극락세계가 사바정토로 낱낱이 열리어
사바정토가 극락세계로 온 전체로 누리니
마음과 마음이 다르지 않아 홍대로 마음이요
몸과 몸이 다르지 않아 홍대로 걸림이 없구나.

가고 오고 머물고 걸림 없으니 하늘 궁전에 청풍이 일고
주고 뺏고 나눔을 홍대로니 지옥 궁전에 꽃비 내리고
옳고 그르고 좋고 싫고 사량 분별해도 언제나 달은 밝아
9x9=81이니 나머지가 없어 저승도 이승도 허물이 없구나.

이대로 온 법계를 열어도 허물이 없어
온 세상 낱낱이 나눠도 방해롭지 않아
시공을 자유자재로 영겁토록 펼치면서
온갖 일 마음대로 행해도 능히 다 이루는구나.

생각 생각 생각 부처를 이루니 딴 생각 없고
걸름 걸음 걸음 종지를 펼침이라 딴 걸음 아니어서
푸른 하늘에 벽력치고 천백억 여의주를 쏟아지게 하고
펑지에 파도를 일으키고 홍대로 온 세계를 거두고 펼치구나.

스스로 온 세상 이루고
스스로 온갖 보배 다 갖추니
스스로 온갖 낙 끝이 없어
온 마음 온몸 다함없는 낙이구나.

잡거나 놓거나 기러운 것 없고
거두거나 펼치거나 풍요로워서
낱낱으로 온 전체를 쓰니 무량삼매요
온 전체로 낱낱이 쓰니 무량해탈이구나.

이 생명 이 마음 이 몸 이 세상 이대로
온 생명 온 마음 온 몸 온 세상 이대로
세월 안이나 세월 밖이나 여여히 꼭 맞아
한 티끌도 딴 것 없이 무한 생명 자기구나.

자기는 자기를 얻지 않아 영원한 자유요
자기는 자기를 나눌 수 없어 영원한 보배요
자기는 자기를 없앨 수 없어 영원한 생명이요
자기는 자기를 떠날 수 없어 영원한 세상이구나.

스스로 무한한 생명 자유자재요
스스로 무한한 영혼 자유자재요
스스로 무한한 행복 자유자재요
스스로 무한한 세상 자유자재구나.

누가 천국을 하늘에만 있다 하느냐
누가 극락을 서방정토에만 있다 하느냐
그대는 차를 마시며 그대 세상 흥대로요
나는 옥통소를 불며 나의 삶 흥대로구나.

온갖 삶 온갖 생각 다르지 않고
온갖 삶 온갖 마음 다르지 않고
온갖 삶 온갖 몸 다르지 않고
온갖 삶 온갖 세상 다르지 않구나.

서로 다르지 않으니 사사로움 없어
어떤 시비분별에도 자유롭고
어떤 시비분별에도 평화롭고
어떤 시비분별에도 넉넉하구나.

동서남북 낱낱이 온갖 것 넉넉하여
통쾌한 웃음 끝없이 터트리니
이승과 저승에도 똑같은 낙 절로 넘쳐서
황금털 사자를 타고 그대 눈썹털 속에 앉았도다.

눈썹털마다 대붕새가 되어 천백억 하늘을 나르니
천백억 하늘이 파해서 천백억 붉은 꽃으로 만발하고
붉은 꽃마다 천백억 고기가 뛰쳐나와 천백억 바다를 펼치니
천백억 푸른 파도 태산처럼 솟구치며 천백억 산호열매 쏟아지구나.

온 세상 온갖 곳 온갖 것도 붉은 꽃으로 만발하고
온 세상 온갖 곳 온갖 것도 산호열매로 넘치니
어제도 오늘 같고 내일도 오늘 같아서
앉은 채로 온갖 낙 원융무애로 다함없구나.

이대로 흥대로 온 법계 다함없어서
무엇이든 흥대로 이루어 기러운 것 없고
무엇이든 흥대로 누리어 남음 없으니
축복된 세계가 강가의 모래에도 열리구나.

모래 속에 조개가 둥근 달을 토하니
이승에도 저승에도 풍년가 높고
풀잎 끝에 애벌레가 둥근 해를 희롱하니
동서남북 유정무정 끝없이 즐겁구나.

끝없는 즐거움이 끝없이 넘쳐서
고집멸도를 원융무애로 열고
육도윤회를 상주실상으로 드러내
방석에 앉은 채로 통째로 누리구나.

한 발자욱도 옮기지 않고 삼계를 다하니
펄펄펄 내리는 흰눈 속에 붉은 꽃 난발하고
흰눈 속에 붉은 꽃 난발한 온 산하대지에
온 세상이 옛부터 집집마다 길이 길경했구나.

그 어떤 것도 구하지 않고 그 어떤 것도 의지하지 않고
그 어떤 것도 조작하지 않고 그 어떤 것도 버리지 않고
그 어떤 것도 속박하지 않고 그 어떤 것도 걸리지 않고
그 어떤 것도 매하지 않고 그 어떤 것도 물들이지 않구나.

본바탕은 물들음 없으니 천만번 화해도 딴 뜻이 없고
출세간이나 세간도 딴 뜻이 없고 삶과 죽음에도 딴 뜻이 없고
이승과 저승에도 딴 뜻이 없고 무정물에도 딴 뜻이 없고
탐욕도 성냄도 어리석음도 없고 애착도 집착도 분별심도 없구나.

스스로 딴 뜻이 없으니 풀잎마다 우담바라 꽃이요
스스로 딴 뜻이 없으니 돌멩이마다 여의주요
스스로 딴 뜻이 없으니 일천칠백공안이 부서지고
스스로 딴 뜻이 없으니 중생마다 다 해탈이구나.

스스로 딴 뜻이 없으니 삶과 죽음도 여여하고
스스로 딴 뜻이 없으니 불조가 안심입명하고
스스로 딴 뜻이 없으니 온 천하가 태어나 자유자재함이요
스스로 딴 뜻이 없으니 천백억 삼매를 홍대로 쓰구나.

스스로 딴 뜻이 없으니 호랑이가 새끼를 안고 집으로 돌아가고
스스로 딴 뜻이 없으니 사자가 동쪽하늘에 해와 달을 토하고
스스로 딴 뜻이 없으니 토끼가 달 속에서 떡방아를 찧고
스스로 딴 뜻이 없으니 코끼리가 눈먼 나귀의 뒤를 따르구나.

스스로 딴 뜻이 없으니 발바닥이 온 우주보다 커 여여부동하고
스스로 딴 뜻이 없으니 온 세계 온 뜨락에 온갖 열매 마구 뿌리고
스스로 딴 뜻이 없으니 온 마음 온몸이 영원히 무너지지 않고
스스로 딴 뜻이 없으니 걸음걸음마다 만년 봄을 정히 펼치구나.

생각 생각 딴 뜻이 없으니
생각 생각마다 무량삼매 끝이 없고
마음 마음 딴 뜻이 없으니
마음 마음마다 극락국토 끝이 없구나.

마음 마음끝 즐기고 몸 몸끝 즐겨도
스스로 겁 밖의 노래와 춤을 어찌 다하랴
아차차차 발밑에 푸른 풀이 한 키나 자랐구나
들새 지저귀는 소리에 웃고 웃고 또 웃음을 펴구나.

만 그림자를 거두는 찬란한 웃음꽃
웃음꽃 잎새마다 황금궁전을 이루어
탐진치를 계정혜로 담아서
동서남북에 해와 달로 보내구나.

동서남북 흥대로 노닐며
해와 달을 다린 차를 마시나니
온 세상이 낱낱이 통째로 열렸으니
스스로 마음 말고 딴 마음 없구나.

항상 마음대로 무량삼매에 노닐고
항상 마음대로 무량열반에 노닐고
항상 마음대로 무량해탈에 노닐고
항상 마음대로 무량세상을 펼치구나.

날마다 날마다 넘치는 축복이요
날마다 날마다 넘치는 행복이요
날마다 날마다 넘치는 극락이요
날마다 날마다 넘치는 찬란한 생명이구나.

찬란한 생명으로 끝없이 터지는 웃음꽃
하늘도 내려앉고 땅도 꺼지고
허공도 벗겨지고 영겁도 지워져서
다시 흥대로 온 우주를 이루구나.

온 우주를 낱낱이 흥대로 굴리며
이승에도 저승에도 한 등불로 밝히고
지옥과 천국에도 똑같이 나누며
사바와 극락도 꼭 맞게 펼치구나.

다시한번 터트리는 통쾌한 웃음꽃 온 세상 드러내니
무덤 속 송장이 벌떡 일어나 두 눈을 부릅떠 감을 줄 모르고
빈 배에 삼세의 둥근 달 가득 싣고 옥적을 비껴 부니
흰 구름 밖 늙은 학의 춤과 노래 만년 한을 풀구나.

만고에 더 높은 이 마음의 달 언제나 밝게 열리어
무진찰찰 무진세계 빠짐없이 비추어 다함없으니
가는 이, 오는 이, 머무는 이, 제 흥에 겨워 끝낼 줄 모르고
배꼽마다 콧구멍마다 온 세계 거두어 천백억 우담바라 꽃 난발구나.

하! 성품은 성품을 낳지 않아 삶에 물들음 없고
하! 성품은 성품을 멸하지 않아 죽음에 머물지 않고
하! 낱낱 티끌마다 낱낱이 응하여 온 세계 펼치며
하! 천백억 화해도 바탕은 길이길이 변함없이 비추구나.

그대 본래 성품의 꽃 언제나 여여하고
그대 본래 성품의 꽃 언제나 당당하고
그대 본래 성품의 꽃 언제나 슬기롭고
그대 본래 성품의 꽃 언제나 넉넉하구나.

언제나 마음 평화롭게 하는 꽃 만 세상에 활발하고
언제나 마음 자유롭게 하는 꽃 만 세상에 넘치고
언제나 마음 행복하게 하는 꽃 만 세상에 시들 줄 모르고
만 세상 만 뜨락에 언제나 난발하여 다함없는 생명 누리구나.

온 세상이 영원히 활짝 핀 이 큰 꽃속에 묻혀 꽃이 되고
온 세상이 영원히 아름다운 이 큰 꽃속에 묻혀 꽃이 되고
온 세상이 영원히 시들지 않는 이 큰 꽃속에 묻혀 꽃이 되고
온 세상이 영원히 온통 생명의 노래요 생명의 춤이구나.

꽃은 어디에 피든 다 아름답구나
꽃은 무슨 꽃이든 다 아름답구나
꽃은 이승도 저승도 다 피어 아름답구나.
꽃은 무엇에도 다 피어 아름답구나.

꽃은 언제나 영원한 그대요
꽃은 언제나 영원한 나요
꽃은 언제나 영원한 세상이요
꽃은 언제나 영원한 삶이구나.

꽃은 언제나 영원한 그대의 자유요
꽃은 언제나 영원한 나의 평화요
꽃은 언제나 영원한 세상의 행복이요
꽃은 언제나 영원한 삶의 생명이구나.

나는 언제나 자유의 꽃을 영원히 열고
나는 언제나 자유의 꽃을 영원히 드러내고
나는 언제나 자유의 꽃을 영원히 누리고
나는 언제나 자유의 꽃을 영원히 펼치구나.

이 누더기 중의 살림살이 이만하면 족할까
더우면 불산을 추우면 눈바다를 뒤집어쓰고
아침이면 해와 달 띄우고 저녁이면 마니주를 뿌리면서
천백억 꽃향을 실어 동서남북으로 빠짐없이 보내구나.

목마르면 한웅큼 돌틈 샘물로 목을 축이고
배고프면 산나물 산열매로 주린 창자 위로하고
고단하면 칡넝쿨 등나무에 몸을 기대고
심심하면 꽃 거울을 만들어 아무데나 걸어두노라.

부처가 오면 부처를 비추니 따로 부처가 없고
조사가 오면 조사를 비추니 따로 조사가 없고
보살이 오면 보살을 비추니 따로 보살이 없고
중생이 오면 중생을 비추니 따로 중생이 없구나.

삼라만상 항상 그대로 비추니
삼라만상 해탈 아닌 것 없구나
온 전체로 행하여 간격 없으니
온 세계 온갖 낙 자유자재구나.

언제나 어디에도 꼭 맞고
언제나 어디에도 틀림없고
언제나 어디에도 활발발하고
언제나 어디에도 다함없구나.

다함없으니 무엇이든 풍요해서
누구나 언제나 마음 끝 누리고
언제나 이 자리를 여의지 않아
이대로 한바탕으로 딴 것이 없구나.

망념을 없애지 않고 반야의 배를 곧 탔도다.
물이 파도니 물결 따라 우담바라 꽃 난발하고
파도가 물이니 파도 따라 산호열매 쏟아지구나
모든 세상 모든 생명 온갖 즐거움 끝없이 누리구나.

나를 마음 끝 생각하고 나를 마음 끝 펼치구나
온 세상 마음 끝 열고 온 세상을 마음 끝 쓰는구나
티끌마다 마음 끝 꽃피고 티끌마다 마음 끝 익은 열매니
그대에게 마음 끝 주고 그대에게 마음 끝 가리키구나.

황금털 사자는 놀라 달아나고
코끼리왕은 풀잎 속으로 몸을 감추니
큰 웃음 흰물결 다시 온 세상 그림자를 거두고
그대 발밑에 천백억 마니주를 가리켜 굴리구나.

하! 낱낱이 나와 온 우주를 펼치는구나
하! 낱낱이 나와 온 우주를 거두는구나
하! 낱낱이 나와 온 우주를 펼치고 거둠이 동시구나
하! 낱낱이 나와 온 우주를 펼치고 거둠이 무한히 열렸구나.

하늘이 열렸구나 땅이 열렸구나
지옥이 열렸구나 극락이 열렸구나
삶이 열렸구나 죽음이 열렸구나
내가 열렸구나 그대가 열렸구나.

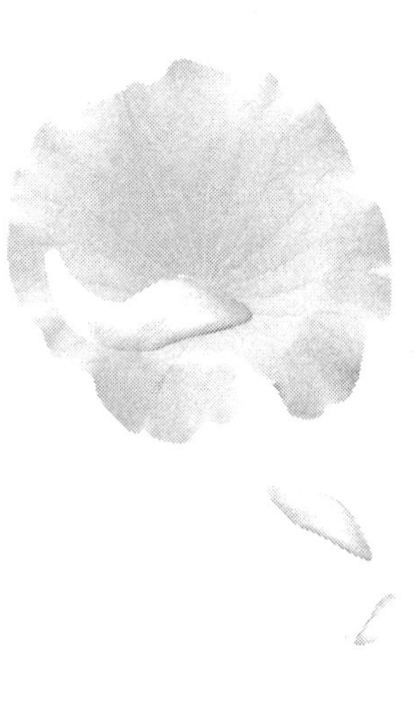

겉이 열렸구나 속이 열렸구나
반야가 열렸구나 진실이 열렸구나
원인이 열렸구나 결과가 열렸구나
바탕이 열렸구나 진리가 열렸구나.

꽃이 열렸구나 풀이 열렸구나
돌이 열렸구나 황금이 열렸구나
청풍이 열렸구나 명월이 열렸구나
언제나 열렸구나 본래부터 열렸구나.

내가 본래부터 영원히 온갖 낙 자유자재하구나
그대가 본래부터 영원히 온갖 낙 자유자재하구나
온 세상이 본래부터 영원히 온갖 낙 자유자재하구나
나와 그대와 온세상이 한덩어리로 본래부터 영원히 온갖낙 자유자재
　　하구나.

항상 온 전체로 열고 온 전체로 닫고
항상 온 전체로 닫고 온 전체로 여니
항상 열고 닫음이 동시에 열림이 끝없음이라
항상 나머지 없이 열리고 통하고 씀이 명백하구나.

내가 명백하니 일체가 명백하구나
내가 청정하니 일체가 청정하구나
내가 편안하니 일체가 편안하구나
내가 다함없으니 일체가 다함없구나.

내가 걸림 없으니 일체가 걸림 없구나
내가 물듦 없으니 일체가 물듦 없구나
내가 자취 없으니 일체가 자취 없구나
내가 현전하니 일체가 현전하구나.

내가 미하니 일체가 미하구나
내가 깨침이니 일체가 깨침이구나
내가 전체니 일체가 전체구나
내가 풍요니 일체가 풍요구나.

언제나 스스로 다함께 낱낱이 온 전체로 풍요롭고
언제나 스스로 다함께 낱낱이 온 전체로 자유롭고
언제나 스스로 다함께 낱낱이 온 전체로 쓰고
언제나 스스로 다함께 낱낱이 온 전체로 누리구나.

언제나 스스로 다함께 낱낱이 온 전체로 밝고
언제나 스스로 다함께 낱낱이 온 전체로 변함없고
언제나 스스로 다함께 낱낱이 온 전체로 무너짐 없고
언제나 스스로 다함께 낱낱이 빛나고 영원하구나.

본래부터 통째로 무한하고 통째로 빛나니
그대 온 마음을 쓰는 자체 바로 그 자체 온 전체구나
그대 온몸을 쓰는 자체 바로 그 자체 온 전체구나
그대 온 세상을 쓰는 자체 바로 그 자체 온 전체구나.

처음부터 온갖 세상 삶과 죽음 물들음 없고
처음부터 온갖 세상 영원한 생명 구현하니
처음부터 온갖 세상 날마다 풍년가 높고
처음부터 온갖 세상 스스로 축복의 끝이 없구나.

스스로 이루어진 세상 이루어진 삶 스스로 열리어
항상 온 전체로 낱낱이 열린 스스로 본래여서
부딪치는 곳마다 평화요 머무는 곳마다 행복이요
행하는 곳마다 무한 생명의 절대 자유구나.

자유자재로 온갖 우주를 거두어 펼치고
자유자재로 온갖 세상을 거두고 펼치고
자유자재로 온갖 삶을 거두고 펼치고
자유자재로 온갖 죽음을 거두어 펼치구나.

자유자재로 온갖 행복을 거두고 펼치고
자유자재로 온갖 평화를 거두고 펼치고
자유자재로 온갖 자유를 거두고 펼치고
자유자재로 온갖 생명을 거두고 펼치구나.

스스로 온 우주보다 커서 온 우주를 쓰고
스스로 온 삶보다 커서 온 삶을 쓰고
스스로 스스로보다 커서 스스로를 쓰니
풀잎마다 우담바라꽃 참 세상이 길이 열리구나.

눈앞에 아름다운 세계 가득하고
자욱마다 온갖 보배 낭자하구나
모든 경계를 마음대로 써도
끝없는 자유요 한없는 낙이구나.

본래의 물은 얼지 않으니
온 천하를 뒤덮고 유구히 흐르는구나
물은 꽃잎을 흔들어 삼세를 드러내니
온 천하의 주인은 옛부터 오늘 그대 분명하구나.

하! 다시 발아래 천백억 세계를 펼치는구나
하! 다시 발아래 천백억 해와 달을 굴리는구나
하! 다시 발아래 천백억 우담바라꽃 꽃피우는구나
하! 다시 발아래 천백억 마니주를 가리키구나.

드러났구나
똑같구나
누리구나
무한하구나.

스스로 무한해서 온 우주 법계를 이루고
스스로 자유자재로 큰 인연을 나투며
스스로 무량공덕을 아낌없이 다하니
스스로 참생명 참행복 길이 펼치구나.

하! 이승과 저승을 흥대로구나
하! 지옥과 천국을 흥대로구나
하! 사바와 극락을 흥대로구나
하! 중생과 부처를 흥대로구나.

스스로 본나 불생불멸로 무한해서
스스로 온 법계를 이루고 온 세상을 열어서
스스로 삼라만상을 나투고 온갖 낙 누리니
스스로 다함께 참삶 참행복 다함없구나.

스스로 구족해서 참삶 참행복 무궁무진하니
스스로 온 우주로 온갖 낙 마음대로요
스스로 온 세상으로 큰 평화 열어서
스스로 나 다함께 길이 큰 광명 놓구나.

스스로 온 생명 유정무정 온 법계로 큰 광명이요
스스로 돌멩이마다 해와 달로 큰 광명이요
스스로 풀잎마다 산과 물로 큰 광명이요
스스로 온 세상 큰광명 큰해탈 길이 펼치구나.

누구나 큰광명 큰해탈 넘치고 넘쳐서
중생이나 부처나 유정무정 온 꽃으로
사바나 극락이나 검고 흰 꽃으로 난발하고
지옥이나 천국이나 붉고 푸른 꽃으로 난발구나.

붉은 것은 붉어서 지옥 그대로 천국이요
푸른 것은 푸르러서 사바 그대로 극락이요
검은 것은 검어서 중생 그대로 부처요
흰 것은 희어서 유정무정 본나구나.

스스로 목말라 물마시니 삼매해탈이요
스스로 배고파 밥 먹으니 진여실상이라
스스로 눈썹털마다 우담바라 난발하고
스스로 배꼽마다 마니보주 무진장이구나.

부웅새도 부웅 부웅 부웅 해와 달을 토하고
뻐꾹새도 뻐꾹 뻐꾹 뻐꾹 산과 물을 펼치니
풀잎도 붉고 흰 꽃으로 석가미륵이요
돌멩이도 산호열매 계수열매로 약사아미타구나.

나 따로 내가 없고 딴 모습 없고 딴 세상없으니
한 생각 일으키기 전에 청정법신 비로자나불이요
한 생각 일으키면 천백억화신 석가모니불이요
한 생각 끝난 후면 원만보신 노사나불이구나.

한 생각 일으키기 전에도 나요
한 생각 일으켜도 나요
한 생각 끝난 후도 나니
내가 곧 삼신불이요, 삼신불이 곧 나구나.

내가 삼신불을 흥대로 무한히 온 법계를
이루고 열고 드러내고 쓰고 누리고 원융무애하고
내가 삼신불을 흥대로 무한히 온 세상을
이루고 열고 드러내고 쓰고 누리고 원융무애하구나.

내가 삼신불을 흥대로 무한히 온 이승을
이루고 열고 드러내고 쓰고 누리고 원융무애하고
내가 삼신불을 흥대로 무한히 온 저승을
이루고 열고 드러내고 쓰고 누리고 원융무애하구나.

내가 삼신불을 흥대로 무한히 온 지옥을
이루고 열고 드러내고 쓰고 누리고 원융무애하고
내가 삼신불을 흥대로 무한히 온 천국을
이루고 열고 드러내고 쓰고 누리고 원융무애하구나.

내가 삼신불을 흥대로 무한히 온 사바를
이루고 열고 드러내고 쓰고 누리고 원융무애하고
내가 삼신불을 흥대로 무한히 온 극락을
이루고 열고 드러내고 쓰고 누리고 원융무애하구나.

내가 삼신불을 흥대로 무한히 온 범부를
이루고 열고 드러내고 쓰고 누리고 원융무애하고
내가 삼신불을 흥대로 무한히 온 성인을
이루고 열고 드러내고 쓰고 누리고 원융무애하구나.

내가 삼신불을 흥대로 무한히 온 중생을
이루고 열고 드러내고 쓰고 누리고 원융무애하고
내가 삼신불을 흥대로 무한히 온 부처를
이루고 열고 드러내고 쓰고 누리고 원융무애하구나.

내가 삼신불을 흥대로 무한히 온 무명업식을
이루고 열고 드러내고 쓰고 누리고 무애자재하고
내가 삼신불을 흥대로 무한히 온 진여실상을
이루고 열고 드러내고 쓰고 누리고 무애자재하구나.

내가 삼신불을 흥대로 무한히 온 번뇌망상을
이루고 열고 드러내고 쓰고 누리고 무애자재하고
내가 삼신불을 흥대로 무한히 온 삼매해탈을
이루고 열고 드러내고 쓰고 누리고 무애자재하구나.

내가 삼신불을 흥대로 무한히 온 생주이멸을
이루고 열고 드러내고 쓰고 누리고 무애자재하고
내가 삼신불을 흥대로 무한히 온 무주무멸을
이루고 열고 드러내고 쓰고 누리고 무애자재하구나.

내가 삼신불을 흥대로 무한히 온 생노병사를
이루고 열고 드러내고 쓰고 누리고 무애자재하고
내가 삼신불을 흥대로 무한히 온 무여열반을
이루고 열고 드러내고 쓰고 누리고 무애자재하구나.

내가 삼신불을 흥대로 무한히 온 육도윤회를
이루고 열고 드러내고 쓰고 누리고 무애자재하고
내가 삼신불을 흥대로 무한히 온 무도무회를
이루고 열고 드러내고 쓰고 누리고 무애자재하구나.

내가 삼신불을 흥대로 무한히 온 성주괴공을
이루고 열고 드러내고 쓰고 누리고 무애자재하고
내가 삼신불을 흥대로 무한히 온 여여부동을
이루고 열고 드러내고 쓰고 누리고 무애자재하구나.

내가 삼신불을 흥대로 무한히 온 불생불멸을
이루고 열고 드러내고 쓰고 누리고 자유자재하고
내가 삼신불을 흥대로 무한히 온 무생유생을
이루고 열고 드러내고 쓰고 누리고 자유자재하구나.

내가 삼신불을 홍대로 무한히 온 무아유아를
이루고 열고 드러내고 쓰고 누리고 자유자재하고
내가 삼신불을 홍대로 무한히 온 무상유상을
이루고 열고 드러내고 쓰고 누리고 자유자재하구나.

내가 삼신불을 홍대로 무한히 온 무색유색을
이루고 열고 드러내고 쓰고 누리고 자유자재하고
내가 삼신불을 홍대로 무한히 온 무공유공을
이루고 열고 드러내고 쓰고 누리고 자유자재하구나.

내가 삼신불을 홍대로 무한히 온 무염유염을
이루고 열고 드러내고 쓰고 누리고 자유자재하고
내가 삼신불을 홍대로 무한히 온 무념유념을
이루고 열고 드러내고 쓰고 누리고 자유자재하구나.

내가 삼신불을 홍대로 무한히 온 무시유시를
이루고 열고 드러내고 쓰고 누리고 자유자재하고
내가 삼신불을 홍대로 무한히 온 무종유종을
이루고 열고 드러내고 쓰고 누리고 자유자재하구나.

내가 삼신불을 홍대로 무한히 온 무행유행을
이루고 열고 드러내고 쓰고 누리고 자유자재하고
내가 삼신불을 홍대로 무한히 온 무주유주를
이루고 열고 드러내고 쓰고 누리고 자유자재하구나.

내가 삼신불을 홍대로 무한히 온 무문유문을
이루고 열고 드러내고 쓰고 누리고 자유자재하고
내가 삼신불을 홍대로 무한히 온 무도유도를
이루고 열고 드러내고 쓰고 누리고 자유자재하구나.

내가 삼신불을 홍대로 무한히 온 무법유법을
이루고 열고 드러내고 쓰고 누리고 자유자재하고
내가 삼신불을 홍대로 무한히 온 정법편법을
이루고 열고 드러내고 쓰고 누리고 자유자재하구나.

내가 삼신불을 홍대로 무한히 온 대법소법을
이루고 열고 드러내고 쓰고 누리고 자유자재하고
내가 삼신불을 홍대로 무한히 온 실법가법을
이루고 열고 드러내고 쓰고 누리고 자유자재하구나.

내가 삼신불을 홍대로 불생불멸의 절대 무한생명의 생멸로서
빛이요, 감로요, 축복이요, 영광이요, 행복이요, 안락이요, 평화요,
자유요, 사랑이요, 공덕이요, 자비요, 중도요, 각이요, 본각이요,
본래심이요, 평상심이요, 진여요, 실상이요, 자성이요, 불성이요,

성불이요, 본불이요, 참나요, 본나요, 지금 이대로 나요,
지금 오로지 바로 나요, 이대로 바로 서로 함께 열린
청정무구하고, 원만구족하고, 원융무애하고, 무애자재하고,
자유자재하고, 항사묘용하고, 상락아정하고, 상적상조하고,

상조상적하고, 상즉실상하고, 적즉실상하고, 성성적적하고,
적적성성하고, 차조동시하고, 쌍차쌍조하고, 미오각성하고,
직광직조하고, 상주불멸하고, 영겁불퇴하고, 만고광명하고,
만고감로하고, 무위진인하고, 수처작주하고, 여여부동한 나!나!나!이
　구나.

내가 삼신불을 홍대로 불생불멸의 절대 무한생명의 유무로서
빛이요, 감로요, 축복이요, 영광이요, 행복이요, 안락이
　요, 평화요,
자유요, 사랑이요, 공덕이요, 자비요, 중도요, 각이요, 본각이요,
본래심이요, 평상심이요, 진여요, 실상이요, 자성이요, 불성이요,

성불이요, 본불이요, 참나요, 본나요, 지금 이대로 나요,
지금 오로지 바로 나요, 이대로 바로 서로 함께 열린
청정무구하고, 원만구족하고, 원융무애하고, 무애자재하고,
자유자재하고, 항사묘용하고, 상락아정하고, 상적상조하고,

상조상적하고, 상즉실상하고, 적즉실상하고, 성성적적하고,
적적성성하고, 차조동시하고, 쌍차쌍조하고, 미오각성하고,
직광직조하고, 상주불멸하고, 영겁불퇴하고, 만고광명하고,
만고감로하고, 무위진인하고, 수처작주하고, 여여부동한 나!나!나!이
　구나.

내가 삼신불을 흥대로 불생불멸의 절대 무한생명의 색공으로서
빛이요, 감로요, 축복이요, 영광이요, 행복이요, 안락이요, 평화요,
자유요, 사랑이요, 공덕이요, 자비요, 중도요, 각이요, 본각이요,
본래심이요, 평상심이요, 진여요, 실상이요, 자성이요, 불성이요,

성불이요, 본불이요, 참나요, 본나요, 지금 이대로 나요,
지금 오로지 바로 나요, 이대로 바로 서로 함께 열린
청정무구하고, 원만구족하고, 원융무애하고, 무애자재하고,
자유자재하고, 항사묘용하고, 상락아정하고, 상적상조하고,

상조상적하고, 상즉실상하고, 적즉실상하고, 성성적적하고,
적적성성하고, 차조동시하고, 쌍차쌍조하고, 미오각성하고,
직광직조하고, 상주불멸하고, 영겁불퇴하고, 만고광명하고,
만고감로하고, 무위진인하고, 수처작주하고, 여여부동한 나!나!나!이
　구나.
내가 삼신불을 흥대로 불생불멸의 절대 무한생명의 미오로서
빛이요, 감로요, 축복이요, 영광이요, 행복이요, 안락이요, 평화요,
자유요, 사랑이요, 공덕이요, 자비요, 중도요, 각이요, 본각이요,
본래심이요, 평상심이요, 진여요, 실상이요, 자성이요, 불성이요,

성불이요, 본불이요, 참나요, 본나요, 지금 이대로 나요,
지금 오로지 바로 나요, 이대로 바로 서로 함께 열린
청정무구하고, 원만구족하고, 원융무애하고, 무애자재하고,
자유자재하고, 항사묘용하고, 상락아정하고, 상적상조하고,

상조상적하고, 상즉실상하고, 적즉실상하고, 성성적적하고,
적적성성하고, 차조동시하고, 쌍차쌍조하고, 미오각성하고,
직광직조하고, 상주불멸하고, 영겁불퇴하고, 만고광명하고,
만고감로하고, 무위진인하고, 수처작주하고, 여여부동한 나!나!나!이
　구나.

내가 삼신불을 흥대로 불생불멸의 절대 무한생명의 시종으로서
빛이요, 감로요, 축복이요, 영광이요, 행복이요, 안락이요, 평화요,
자유요, 사랑이요, 공덕이요, 자비요, 중도요, 각이요, 본각이요,
본래심이요, 평상심이요, 진여요, 실상이요, 자성이요, 불성이요,

성불이요, 본불이요, 참나요, 본나요, 지금 이대로 나요,
지금 오로지 바로 나요, 이대로 바로 서로 함께 열린
청정무구하고, 원만구족하고, 원융무애하고, 무애자재하고,
자유자재하고, 항사묘용하고, 상락아정하고, 상적상조하고,

상조상적하고, 상즉실상하고, 적즉실상하고, 성성적적하고,
적적성성하고, 차조동시하고, 쌍차쌍조하고, 미오각성하고,
직광직조하고, 상주불멸하고, 영겁불퇴하고, 만고광명하고,
만고감로하고, 무위진인하고, 수처작주하고, 여여부동한 나!나!나!이
　구나.

나!나!나! 진정 지금 이대로 일체를 초월한 나요
진정 지금 이대로 일체를 함께한 오로지 나니
온 법계 온 세상 온 삼라만상 온갖 낙 나투며
일체를 흥대로 누리는 다함께 스스로 나! 구나.

배고파도 나요, 배불러도 나요, 즐거워도 나요, 슬퍼도 나요, 괴로워
　　도 나요,
우울해도 나요, 가난해도 나요, 건강해도 나요, 병들어도 나요, 죽어
　　도 나요,
살아도 나요, 이승에 있어도 나요, 저승에 있어도 나요, 잠잘때도
　　나요, 꿈꿀때도 나요,
일상생활 어느 곳에 무엇을 하든 안하든 나 아닌 것이 없구나.

어느 누구도 무엇도 나를 대신해서 살 수 없고
어느 누구도 무엇도 나를 대신해서 죽을 수도 없고
어느 누구도 무엇도 나를 대신해서 변소갈 수도 없고
어느 누구도 무엇도 나를 대신해서 배고플 수도 없구나.

스스로 내가 바로 모든 것을 만들고 쓰고 펼치고 누리니
스스로 삶의 가지가지 모습 행하는 것이 연기요 인과요 윤회요 법이
　　라
스스로 자성작용의 시시각각 드러내도 물들지 않아 자취
　　가 없지만
스스로 온 법계 온 세상 온 삼라만상 일체 법 나 아닌 것이 없구나.

스스로 내가 나인 줄 아는 것이 부처요
스스로 내가 나인 줄 아는 것이 각이요
스스로 내가 나인 줄 모르는 것이 중생이요
스스로 내가 나인 줄 모르는 것이 미함이구나.

스스로 내가 나인 줄 아는 것이 부처인 것도 나요
스스로 내가 나인 줄 아는 것이 각인 것도 나요
스스로 내가 나인 줄 모르는 것이 중생인 것도 나요
스스로 내가 나인 줄 모르는 것이 미함인 것도 나구나.

내가 나를 알아 부처인 것도 나니 자유 행복 평화 진여실상이요
내가 나를 알아 각인 것도 나니 자유 행복 평화 진여실상이요
내가 나를 몰라 중생인 것도 나니 자유 행복 평화 진여실상이요
내가 나를 몰라 미함인 것도 나니 자유 행복 평화 진여실
  상이구나.

내가 오로지 나로 일체니 내가 부처를 홍대로 누리고
내가 오로지 나로 일체니 내가 각을 홍대로 누리고
내가 오로지 나로 일체니 내가 중생을 홍대로 누리고
내가 오로지 나로 일체니 내가 미함을 홍대로 누리구나.

나!

나! 할 때에 나! 하는 그 자리에 무엇이 있는고?

나! 할 때에 나! 하는 것뿐이지 나! 하는 것뿐도 초월한 오로지 나!
　뿐

생사도 유무도 색공도 시종도 시공도 선악도 미오도 일체가 녹아진
　나!뿐이구나.

어떤 이름도 모양도 빛깔도 느낌도 온 우주법계도 세상도 육도도 녹
　아져 버리고

어떤 부처도 절대 하느님도 절대 신도 절대 대상도 절대 중생도

어떤 정신도 물질도 과학도 학문도 학식도 예술도 철학도 사상도 정
　치도 종교도

어떤 그 무엇도 갖다 붙일 수 없는 순수 청정무구한 나!
　뿐이구나.

일체 모든 것 사량분별을 초월해 있는 청정무구한 순수생명인 나!
　가

이렇게 생각을 내면 생이요 이렇게 생각을 거두면 멸이니

이렇게 생각을 낸 생해도 나요 이렇게 생각을 거둔 멸해도 나! 그대
　로니

내가 불생불멸로 생멸을 흥대로 자유자재로 쓰고 누리구나.

언제나 그 무엇에도 그 어느 곳에도 청정무구한 순수생명
　인 나! 가

이렇게 생각을 내면 유아요 이렇게 생각을 거두면 무아니

이렇게 생각을 낸 유아도 나요 이렇게 생각을 거둔 무아도 나! 그대
  로니
내가 불유불무로 유아무아를 흥대로 자유자재로 쓰고 누리구나.

영겁 전이나 영겁 후나 영겁 지금에도 청정무구한 순수생명인 나!
  가
이렇게 생각을 내면 유심이요 이렇게 생각을 거두면 무심이니
이렇게 생각을 낸 유심도 나요 이렇게 생각을 거둔 무심도 나! 그대
  로니
내가 불유불무로 유심무심을 흥대로 자유자재로 쓰고 누리구나.

지옥에도 천국에도 사바에도 극락에도 청정무구한 순수생명인 나!
  가
이렇게 생각을 내면 유상이요 이렇게 생각을 거두면 무상이니
이렇게 생각을 낸 유상도 나요 이렇게 생각을 거둔 무상도 나! 그대
  로니
내가 불유불무로 유상무상을 흥대로 자유자재로 쓰고 누리구나.

아귀에도 축생에도 아수라에도 인간에도 청정무구한 순수생명인 나!
  가
이렇게 생각을 내면 유색이요 이렇게 생각을 거두면 무색이니
이렇게 생각을 낸 유색도 나요 이렇게 생각을 거둔 무색도 나! 그대
  로니
내가 불유불무로 유색무색을 흥대로 자유자재로 쓰고 누리구나.

식물에도 동물에도 광물에도 신물에도 청정무구한 순수생명인 나!
　가
이렇게 생각을 내면 유공이요 이렇게 생각을 거두면 무공이니
이렇게 생각을 낸 유공도 나요 이렇게 생각을 거둔 무공도 나! 그대
　로니
내가 불유불무로 유공무공을 흥대로 자유자재로 쓰고 누리구나.

태에도 알에도 습에도 화에도 청정무구한 순수생명인 나! 가
이렇게 생각을 내면 유정이요 이렇게 생각을 거두면 무정이니
이렇게 생각을 낸 유정도 나요 이렇게 생각을 거둔 무정도 나! 그대
　로니
내가 불유불무로 유정무정을 흥대로 자유자재로 쓰고 누리구나.

범부나 성인이나 중생이나 부처에도 청정무구한 순수생명인 나! 가
이렇게 생각을 내면 유문이요 이렇게 생각을 거두면 무문이니
이렇게 생각을 낸 유문도 나요 이렇게 생각을 거둔 무문도 나! 그대
　로니
내가 불유불무로 유문무문을 흥대로 자유자재로 쓰고 누리구나.

흙이나 물이나 바람이나 불에도 청정무구한 순수생명인 나! 가
이렇게 생각을 내면 유시요 이렇게 생각을 거두면 무시니
이렇게 생각을 낸 유시도 나요 이렇게 생각을 거둔 무시도 나! 그대
　로니
내가 불유불무로 유시무시를 흥대로 자유자재로 쓰고 누리구나.

시간이나 공간이나 무기나 유기에도 청정무구한 순수생명인 나! 가
이렇게 생각을 내면 유종이요 이렇게 생각을 거두면 무종이니
이렇게 생각을 낸 유종도 나요 이렇게 생각을 거둔 무종도 나! 그대
　　로니
내가 불유불무로 유종무종을 흥대로 자유자재로 쓰고 누리구나.

해와 달에도 산에도 바다에도 청정무구한 순수생명인 나! 가
이렇게 생각을 내면 유명이요 이렇게 생각을 거두면 무명이니
이렇게 생각을 낸 유명도 나요 이렇게 생각을 거둔 무명도 나! 그대
　　로니
내가 불유불무로 유명무명을 흥대로 자유자재로 쓰고 누리구나.

꽃도 열매에도 진주나 금에도 청정무구한 순수생명인 나! 가
이렇게 생각을 내면 유주요 이렇게 생각을 거두면 무주니
이렇게 생각을 낸 유주도 나요 이렇게 생각을 거둔 무주도 나! 그대
　　로니
내가 불유불무로 유주무주를 흥대로 자유자재로 쓰고 누리구나.

콩죽이나 팥죽이나 콩떡이나 팥떡에도 청정무구한 순수생명인 나!
　　가
이렇게 생각을 내면 유의요 이렇게 생각을 거두면 무의니
이렇게 생각을 낸 유의도 나요 이렇게 생각을 거둔 무의도 나! 그대
　　로니
내가 불유불무로 유의무의를 흥대로 자유자재로 쓰고 누리구나.

생에도 멸에도 삶에도 죽음에도 청정무구한 순수생명인 나! 가
이렇게 생각을 내면 유성이요 이렇게 생각을 거두면 무성이니
이렇게 생각을 낸 유성도 나요 이렇게 생각을 거둔 무성도 나! 그대
　　로니
내가 불유불무로 유성무성을 흥대로 자유자재로 쓰고 누리구나.

연기에도 윤회에도 육도에도 인과에도 청정무구한 순수생명인 나!
　　가
이렇게 생각을 내면 유본이요 이렇게 생각을 거두면 무본이니
이렇게 생각을 낸 유본도 나요 이렇게 생각을 거둔 무본도 나! 그
　　대로니
내가 불유불무로 유본무본을 흥대로 자유자재로 쓰고 누리구나.

미에도 깨침에도 알아도 몰라도 청정무구한 순수생명인 나! 가
이렇게 생각을 내면 유각이요 이렇게 생각을 거두면 무각이니
이렇게 생각을 낸 유각도 나요 이렇게 생각을 거둔 무각도 나! 그대
　　로니
내가 불유불무로 유각무각을 흥대로 자유자재로 쓰고 누리구나.

돈오돈수도 돈오점수도 성불에도 본불에도 청정무구한 순수생명인
　　나! 가
이렇게 생각을 내면 유념이요 이렇게 생각을 거두면 무념이니
이렇게 생각을 낸 유념도 나요 이렇게 생각을 거둔 무념도 나! 그대
　　로니
내가 불유불무로 유념무념을 흥대로 자유자재로 쓰고 누리구나.

무명에도 진여에도 실상에도 허상에도 청정무구한 순수생명인 나!
　가
이렇게 생각을 내면 유염이요 이렇게 생각을 거두면 무염이니
이렇게 생각을 낸 유염도 나요 이렇게 생각을 거둔 무염도 나! 그대
　로니
내가 불유불무로 유염무염을 흥대로 자유자재로 쓰고 누리구나.

언제나 무엇에도 이대로 일체를 초월한 내가
언제나 무엇에도 이대로 일체를 드러낸 나니
언제나 무엇에도 이대로 일체에 물들지 않고
언제나 무엇에도 이대로 일체에 깨어있구나.

일상에도 꿈속에도 잠속에도 생사에도 초월한 내가
일상에도 꿈속에도 잠속에도 생사에도 드러낸 나니
일상에도 꿈속에도 잠속에도 생사에도 물들지 않고
일상에도 꿈속에도 잠속에도 생사에도 깨어있구나.

생해도 나요
멸해도 나니
생해도 나로 깨어있고
멸해도 나로 깨어있구나.

살아도 나요
죽어도 나니
살아도 나로 깨어있고
죽어도 나로 깨어있구나.

무명도 나요
진여도 나니
무명도 나로 깨어있고
진여도 나로 깨어있구나.

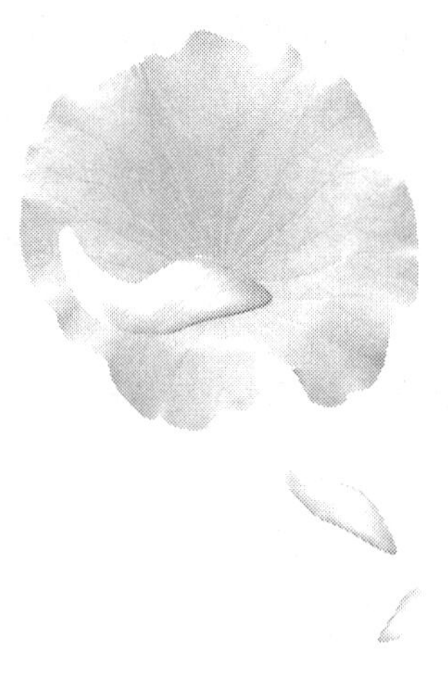

미해도 나요
깨쳐도 나니
미해도 나로 깨어있고
깨쳐도 나로 깨어있구나.

캄캄해도 나요
밝아도 나니
캄캄해도 나로 깨어있고
밝아도 나로 깨어있구나.

꿈꿔도 나요
꿈깨도 나니
꿈꿔도 나로 깨어있고
꿈깨도 나로 깨어있구나.

잠자도 나요
잠깨도 나니
잠자도 나로 깨어있고
잠깨도 나로 깨어있구나.

번뇌도 나요
해탈도 나니
번뇌도 나로 깨어있고
해탈도 나로 깨어있구나.

망상도 나요
삼매도 나니
망상도 나로 깨어있고
삼매도 나로 깨어있구나.

실상도 나요
허상도 나니
실상도 나로 깨어있고
허상도 나로 깨어있구나.

유불성도 나요
무불성도 나니
유불성도 나로 깨어있고
무불성도 나로 깨어있구나.

유자성도 나요
무자성도 나니
유자성도 나로 깨어있고
무자성도 나로 깨어있구나.

유각성도 나요
무각성도 나니
유각성도 나로 깨어있고
무각성도 나로 깨어있구나.

진공묘유도 나요
진공묘무도 나니
진공묘유도 나로 깨어있고
진공묘무도 나로 깨어있구나.

유도 나요
무도 나니
유도 나로 깨어있고
무도 나로 깨어있구나.

무아도 나요
유아도 나니
무아도 나로 깨어있고
유아도 나로 깨어있구나.

무심도 나요
유심도 나니
무심도 나로 깨어있고
유심도 나로 깨어있구나.

무상도 나요
유상도 나니
무상도 나로 깨어있고
유상도 나로 깨어있구나.

무염도 나요
유염도 나니
무염도 나로 깨어있고
유염도 나로 깨어있구나.

무념도 나요
유념도 나니
무념도 나로 깨어있고
유념도 나로 깨어있구나.

무시도 나요
유시도 나니
무시도 나로 깨어있고
유시도 나로 깨어있구나.

무종도 나요
유종도 나니
무종도 나로 깨어있고
유종도 나로 깨어있구나.

무명도 나요
유명도 나니
무명도 나로 깨어있고
유명도 나로 깨어있구나.

무색도 나요
유색도 나니
무색도 나로 깨어있고
유색도 나로 깨어있구나.

무공도 나요
유공도 나니
무공도 나로 깨어있고
유공도 나로 깨어있구나.

무식도 나요
유식도 나니
무식도 나로 깨어있고
유식도 나로 깨어있구나.

무주도 나요
유주도 나니
무주도 나로 깨어있고
유주도 나로 깨어있구나.

무행도 나요
유행도 나니
무행도 나로 깨어있고
유행도 나로 깨어있구나.

무본도 나요
유본도 나니
무본도 나로 깨어있고
유본도 나로 깨어있구나.

무실도 나요
유실도 나니
무실도 나로 깨어있고
유실도 나로 깨어있구나.

무인도 나요
유인도 나니
무인도 나로 깨어있고
유인도 나로 깨어있구나.

무연도 나요
유연도 나니
무연도 나로 깨어있고
유연도 나로 깨어있구나.

무과도 나요
유과도 나니
무과도 나로 깨어있고
유과도 나로 깨어있구나.

무각도 나요
유각도 나니
무각도 나로 깨어있고
유각도 나로 깨어있구나.

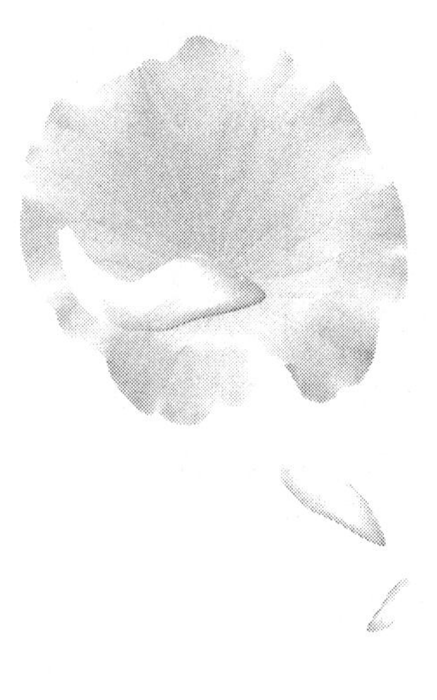

무문도 나요
유문도 나니
무문도 나로 깨어있고
유문도 나로 깨어있구나.

무도도 나요
유도도 나니
무도도 나로 깨어있고
유도도 나로 깨어있구나.

무법도 나요
유법도 나니
무법도 나로 깨어있고
유법도 나로 깨어있구나.

나는 나로 어느 곳에도 나요
나는 나로 무엇에도 나니
나는 나로 분명하고 명백해서
나는 나로 절대 나로 만고에 깨어있구나.

풀잎은 풀잎으로 온 법계요 온 법왕으로 나요
돌멩이는 돌멩이로 온 법계요 온 법왕으로 나요
풀벌레는 풀벌레로 온 법계요 온 법왕으로 나요
물고기는 물고기로 온 법계요 온 법왕으로 나구나.

나에게서 와서 나에게로 오니
가고오고 내가 삼라만상이어서
내가 나로 불생불멸로 무진법계요
내가 나로 여여부동으로 무진상락이구나.

좋다 좋다 좋다 내가 온 전체로 낱낱이 온 법계를 이루고
좋다 좋다 좋다 내가 온 전체로 낱낱이 온 세상을 열어서
좋다 좋다 좋다 내가 온 전체로 낱낱이 온 삼라만상을 나투어
좋다 좋다 좋다 내가 온 전체로 낱낱이 온갖 낙 누리구나.

좋다 좋다 좋다 내가 온 전체로 낱낱이 무명업식이 진여
　　실상이요
좋다 좋다 좋다 내가 온 전체로 낱낱이 번뇌망상이 삼매
　　해탈이요
좋다 좋다 좋다 내가 온 전체로 낱낱이 생노병사가 무여
　　열반이요
좋다 좋다 좋다 내가 온 전체로 낱낱이 육도윤회가 상락아정이구나.

좋다 좋다 좋다 지금 이대로 꼭 맞아 콩떡이 석가요
좋다 좋다 좋다 지금 이대로 꼭 맞아 팥떡이 미륵이요
좋다 좋다 좋다 지금 이대로 꼭 맞아 콩죽이 아미타요
좋다 좋다 좋다 지금 이대로 꼭 맞아 팥죽이 약사여래구나.

좋다 좋다 좋다 지금 이대로 꼭 맞아 문수가 찰밥이요
좋다 좋다 좋다 지금 이대로 꼭 맞아 보현이 쌀밥이요
좋다 좋다 좋다 지금 이대로 꼭 맞아 지장이 보리밥이요
좋다 좋다 좋다 지금 이대로 꼭 맞아 관음이 서숙밥이구나.

님께서 콩떡 팥떡을 먹으며 해와 달을 띄우고
님께서 콩죽 팥죽을 먹으며 산과 물을 펼치고
님께서 찰밥 쌀밥을 먹으며 꽃과 열매를 난발하고
님께서 보리밥 서숙밥을 먹으며 무궁무진 해탈이구나.

언제나 무엇이든 스스로 성품이 스스로 다르지 않아서
언제나 무엇이든 스스로 내가 스스로 성품이요

언제나 무엇이든 스스로 성품이 스스로 나니
언제나 무엇이든 스스로 다함께 스스로 한결같구나.

누구나 다함께 내가 불성이요 불성이 나요
누구나 다함께 내가 각이요 각이 나요
누구나 다함께 내가 진여요 진여가 나요
누구나 다함께 내가 실상이요 실상이 나구나.

내가 나를 펼쳐 유정무정 행복하게 하고
내가 나를 펼쳐 유정무정 자유롭게 하고
내가 나를 펼쳐 유정무정 평화롭게 하고
내가 나를 펼쳐 유정무정 안락하게 하구나.

절룩 절룩 절룩 이승과 저승을 흥대로 오고가고
절룩 절룩 절룩 지옥과 천국을 흥대로 바꾸고
절룩 절룩 절룩 사바와 극락을 흥대로 펼치고
절룩 절룩 절룩 중생과 부처를 흥대로 누리구나.

님은 님으로 맡겨 님을 지고지순하게 사랑하게 하고
님은 님으로 펼쳐 님을 원만구족하게 자비롭게 하고
천하는 천하로 맡겨 천하를 청정무구하게 풍요롭게 하고
천하는 천하로 펼쳐 천하를 원융무애하게 아름답게 하구나.

하!

늘 누리는날 운수납승 영홍 범향배

 ## 노래 부른 후의 노래

하!

온 마음 온몸으로 삼천대천세계를 열고
자욱자욱마다 홍대로 거두어 펼치구나
천만고에 해와 달 언제나 똑같고
풀잎마다 우담바라 꽃 난발하구나

동서남북 행복한 웃음 그림자 없으니
산호열매 계수열매 마구 쏟아지구나
이승도 저승도 간격 없이 오고가며
본 생명 무한한 낙 춤과 노래 끝이 없구나

지금 여러분은 어떠하신고?
멈출 수 없는 이 큰 낙을 필히 누리시는고?

온 천하는 그대께 맡기고
나는 그대를 마음대로 행하구나.

하!

봄에는 봄을 펼쳐 만백성 행복하게 하고
가을에는 가을을 거둬 만세상 태평하게 하구나.

하!

-부록-

시 방 공 양

 # 공양 전에 드리는 공양

하!

앉은 채로 온 천하를 이루어
그대에게 온 천하를 맡기니
그대 홍대로 마음껏 누리구나
낱낱이 온 전체로 부족함이 없고
온 전체로 낱낱이 다함없으니
이승에도 저승에도 똑같은 낙 끝이 없구나.
고기에게 물을 빼앗으니
고기 스스로 물이라
고기가 가도 물은 맑아
동서남북 온 세상 큰 자유요
새에게 숲을 빼앗으니
새 스스로 숲이라
새가 날아도 깃은 떨어지지 않아
날마다 온 세상 큰 풍년이구나.
온 우주가 멸해 없어진다 해도
온 먹을 것 생기지 않아 없다 해도
스스로 생명 무한하고 무한해서
이 마음 이 몸 온 천하를 이루어 다 밥이구나. 하!

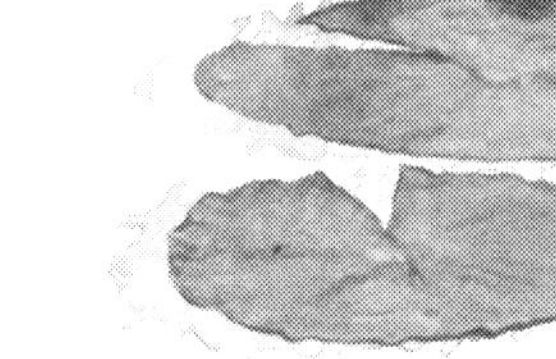

지금 여러분은 어떠하신고?

산은 산을 떠나지 않았고
물은 물을 떠나지 않았구나.

하!

눈썹털마다 붉고 흰 꽃 낭자하구나.

하!

 **밥공양**

1.

하!

한 눈썹털에 삼천 대천 세계를 열고
얼굴은 씻지 않고 머리에는 수미산을 이고
눈먼 코끼리를 끌고 절룩절룩절룩
흰 물결 푸른 파도 위를 걷는다.
천백억 세계에 천백억 해와 달을 띄우며
티끌티끌마다 천백억 우담바라 꽃 피우고
사바세계나 극락세계나 통쾌한 웃음 터트리며
그대 발밑에 산호열매 계수열매 마구 뿌린다. 하!

하!

2.

하!

한 손바닥 안에 천백억 마니주를 홍대로 굴리니
부처는 머리 숙이고 조사는 숨을 죽이고
귀신은 엿보지 못하고 보살은 걸음을 돌린다.
우레 같은 활도 비켜가고 소낙비 같은 방도 닿지 않으니
하늘과 땅은 거꾸로 매달려 벌벌벌 떨고

금털사자는 만길 벼랑 끝에 곤두박질치고
쇠호랑이는 불산을 뒤집어쓰고 용광로 속에 뛰어든다.
보면 다 죽고 도망가면 천만억 조각 부서진다.
절름발이 중이 시장 가운데 외발로 서서
날마다 눈 없는 씨를 뿌리니 날마다 풍년이구나. 하!

하!

3.

하!

한 발바닥이 온 우주보다 크니
한 발자국 안에 이승과 저승을 오고가며
온 마음 온몸 그대로 온 세상 통째로 큰 행복 누리구나.
둥근 달 속에 계수나무를 뽑으니 고기 스스로 물이요
둥근 달 속에 계수나무를 심으니 새 스스로 숲이구나.
둥근 해를 동쪽 하늘에 띄우니 돌멩이마다 보궁이요
둥근 해를 서쪽 하늘에 거두니 풀잎마다 법왕이구나.
사람마다 콧구멍이 휑하게 뚫렸으니
온 생명 온 마음 온몸 온 세상 온 전체로 명백하게
언제나 나머지 없이 다 무한히 자유자재로 열렸구나.
그대 발밑에 천백억 여의주를 흥대로 가리켜 굴리구나. 하!

하!

 국공양

하!

사자는 학을 토해 동쪽하늘을 펼치고
봉황은 호랑이를 낳아 서쪽하늘을 거둔다.
토끼는 달 속에 계수나무를 뽑아 온 세상에 그림자를 지우고
원숭이는 돼지머리를 쓰고 진흙뻘에 꽃씨를 뿌린다.
자라는 다람쥐를 안고 만길 우물 속에 해와 달을 떨구고
금시조는 용을 날려 만 뜨락에 여의주를 뿌린다.
나귀는 호떡을 짊어지고 춤추며 단풍놀이를 가고
진흙소는 용궁에서 차를 달이고
거북이는 도솔천에서 차를 마신다.
가물치는 흙탕물에서 맑은 바람 일으키고
잉어는 연꽃 속에서 풀피리를 분다.
까마귀는 노래하며 지옥문을 열고
까치는 거꾸로 몸을 날려 천상문을 연다.
개는 왕관을 쓰고 온 세상을 호령하고
닭은 만년 세월을 거두고 극락세계를 사바로 옮긴다.
붉은 꽃은 전체가 붉고 흰 꽃은 낱낱이 희어서
온 마음 온몸 그대로 삼천대천세계를 열고
뭇생명들 나머지 없이 흥대로 거두고 펼치는구나.
온 법계 유정무정 다함께 처음부터 스스로 무너짐 없으니
큰 행복 큰 자유 큰 평화 큰 생명 끝이 없구나.

모두모두 제자리 제모습 제이름대로 우담바라 꽃 난발하구나. 하!

하!

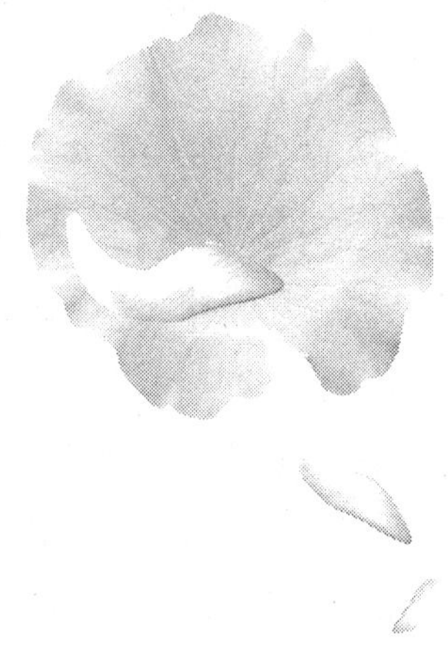

모두모두 제자리 제모습 제이름대로 우담바라 꽃 난발하구나. 하!

어떤 스님이 나에게 물었다.

문 : 스님께서는 하루하루를 어떻게 지내십니까?
답 : 어떤 때는
　　 바다에서 어부가 되고
　　 들에 가서 농부가 되고
　　 산에 가서 사냥꾼이 되고
　　 시장에 가서 장사꾼이 되고
　　 길에 가서 광대가 되고
　　 문전걸식 거지가 되고
　　 왕궁에 수문장이 되고
　　 보궁에 지팡이를 꽂고
　　 부처님 전에 큰절 올리고
　　 만길 난간에 기대어 졸고
　　 만 뜨락에 활짝 핀 꽃과 같이 웃고
　　 온 마을마다 목탁을 두들기고
　　 초당에서 그대께 한잔 차를 권하고
　　 방석에 가만히 앉아 있고
　　 동서남북에 청풍명월을 보내고
　　 천백억 세계 천백억 뜨락에 산호열매 계수열매
　　 끝없이 뿌리고 그대 발밑에 진주를 가리킨다.
문 : 어떤 것이 바다에 가서 어부가 되는 것입니까?
답 : 멸치 입에서 고래를 토하게 한다.

문 : 어떤 것이 들에 가서 농부가 되는 것입니까?

답 : 한알 무우씨에서 만섬 벼를 무르익게 한다.

문 : 어떤 것이 산에 가서 사냥꾼이 되는 것입니까?

답 : 쑥대화살 끝에 호랑이가 학이 되어 날게 한다.

문 : 어떤 것이 시장에 가서 장사꾼이 되는 것입니까?

답 : 황금왕관 만개로 찹쌀떡 반쪽을 산다.

문 : 어떤 것이 길에 가서 광대가 되는 것입니까?

답 : 반쪽 기왓장으로 황금왕관 만개를 만든다.

문 : 어떤 것이 문전걸식 거지가 되는 것입니까?

답 : 열매는 먹고 씨앗은 되돌려 준다.

문 : 어떤 것이 보궁에 지팡이를 꽂는 것입니까?

답 : 풀잎마다 산호열매 계수열매다.

문 : 어떤 것이 부처님 전에 큰절 올리는 것입니까?

답 : 만짐승 배꼽 속에 천백억 우담바라 꽃이다.

문 : 어떤 것이 조사님 전에 한오락 향을 사르는 것입니까?

답 : 그대 발밑에 진주를 쓴다.

문 : 어떤 것이 만길 난간에 기대어 졸고 있는 것입니까?

답 : 서산에 해와 달이 떨어질 줄 모른다.

문 : 어떤 것이 만뜨락에 활짝 핀 꽃과 같이 웃고 있는 것입니까?

답 : 동남바람은 동남바람에 맡긴다.

문 : 어떤 것이 온 마을마다 목탁을 두드리는 것입니까?

답 : 닭을 울게 하고 개를 짖게 한다.

문 : 어떤 것이 초당에서 그대께 한잔 차를 권하는 것입니까?

답 : 담장가에 박꽃이 더욱 희다.

문 : 어떤 것이 방석에 가만히 앉아 있는 것입니까?

답 : 가을빛에 둥근 달 같은 호박이 만개나 익었다.

문 : 어떤 것이 동서남북에 청풍명월을 보내는 것입니까?

답 : 온 천하는 온 천하에 맡기고 나는 온 천하를 쓴다.

문 : 어떤 것이 천백억 세계 천백억 뜨락에 산호열매 계수열매 끝없
　　이 뿌리는 것입니까?

답 : 달 속에 계수나무를 뽑았다.

문 : 어떤 것이 발밑에 진주를 가리키는 것입니까?

답 : 풀잎마다 수북 수북 수북 우담바라 꽃이구나.

승능공양

어떤 불자가 나에게 물었다.

문 : 어찌하여 돌장승이 눈물 흘립니까?
답 : 한번 간 님은 만년 봄인데도 돌아오지 않구나.
문 : 어찌하여 돌장승이 웃음을 짓습니까?
답 : 오늘밤 달 밝은 삼경에 만년 님을 만나구나.
문 : 어찌하여 돌장승이 노래합니까?
답 : 풀잎마다 해와 달이 쌍으로 열렸구나.
문 : 어찌하여 돌장승이 춤춥니까?
답 : 그대 배꼽 속에 산호열매 천백억이구나.
문 : 어찌하여 돌장승이 손바닥을 펴 보이는 것입니까?
답 : 삼천대천세계도 모자라는구나.
문 : 어찌하여 돌장승이 두 주먹을 움켜쥐는 것입니까?
답 : 앞산이 하늘보다 높구나.
문 : 어찌하여 돌장승이 고함지르는 것입니까?
답 : 앞뜨락에는 꽃피고 뒷뜨락에는 눈이 오구나.
문 : 어찌하여 돌장승이 입을 다물고 있는 것입니까?
답 : 소낙비에 대왕궁이 떠내려 가구나.
문 : 어찌하여 돌장승이 고개를 끄덕이는 것입니까?
답 : 걸음걸음마다 청풍명월이구나.

문 : 어찌하여 돌장승이 고개를 돌리는 것입니까?
답 : 소머리도 가고 말머리도 가고 호랑이머리도 가구나.

문 : 어찌하여 돌장승이 고개를 바로 세우는 것입니까?
답 : 산에는 산이 있고 물에는 물이 있다.

문 : 어찌하여 돌장승이 합장하는 것입니까?
답 : 개구리 울음소리 삼계를 파하구나.

문 : 어찌하여 돌장승이 아이를 낳습니까?
답 : 발밑에 풀이 한 키나 자랐구나.

문 : 어찌하여 한번 간 님은 돌아오지 않습니까?
답 : 따라 오너라.

문 : 어찌하여 오늘밤 달 밝은 삼경에 만년님을 만나는 것입니까?
답 : 똑같구나.

문 : 어찌하여 풀잎마다 해와 달이 쌍으로 열리는 것입니까?
답 : 따로 없구나.

문 : 어찌하여 그대 배꼽 속에 산호열매 천백억입니까?
답 : 언제나 오늘을 지나지 않았구나.

문 : 어찌하여 삼천대천세계가 모자라는 것입니까?
답 : 아직 눈앞에 한포기 풀이 남았구나.

문 : 어찌하여 앞산이 하늘보다 높습니까?
답 : 멈출 수가 없구나.

문 : 어찌하여 앞뜨락에는 꽃피고 뒷뜨락에는 눈이 옵니까?
답 : 봄이 가기 전에 겨울이 왔구나.

문 : 어찌하여 소낙비에 대왕궁이 떠내려가는 것입니까?
답 : 풀잎 속에 천백억 세상이 감추었구나.

문 : 어찌하여 걸음걸음마다 청풍명월입니까?
답 : 한 눈썹털에 삼천대천세계가 열리는구나.

문 : 어찌하여 소머리도 가고 말머리도 가고 호랑이머리도 가는 것
     입니까?
답 : 파도가 물이니 자욱마다 삼천대천세계를 흥대로구나.

문 : 어찌하여 산에는 산이 있고 물에는 물이 있는 것입니까?
답 : 너를 떠나서 네가 없구나.

문 : 어찌하여 개구리 울음소리 삼계를 파하는 것입니까?
답 : 만 뜨락에 만 꽃을 심고 만 하늘에 만 달을 띄우구나.

문 : 어찌하여 발밑에 풀이 한키나 자랐습니까?
답 : 언제나 그대 발바닥이 온 우주보다 크구나.

 **떡공양**

1. 어떤 분이 나에게 물었다.

문 : 어떤 것이 부처입니까?
답 : 동쪽을 가리키구나.
문 : 어떤 것이 법입니까?
답 : 동쪽은 동쪽이구나.
문 : 어떤 것이 승입니까?
답 : 동쪽을 서쪽으로 옮기구나.

2. 어떤 분이 나에게 물었다.

문 : 어떤 것이 부처입니까?
답 : 떡을 만들구나.
문 : 어떤 것이 법입니까?
답 : 떡을 찌는구나.
문 : 어떤 것이 승입니까?
답 : 떡을 먹는구나.

3. 어떤 분이 나에게 물었다.

문 : 어떤 것이 부처입니까?
답 : 똑같구나.

문 : 어떤 것이 법입니까?

답 : 꼭 맞구나.

문 : 어떤 것이 승입니까?

답 : 드러났구나.

4. 어떤 분이 나에게 물었다.

문 : 어떤 것이 부처입니까?

답 : 부처다.

문 : 어떤 것이 법입니까?

답 : 법이다.

문 : 어떤 것이 승입니까?

답 : 승이다.

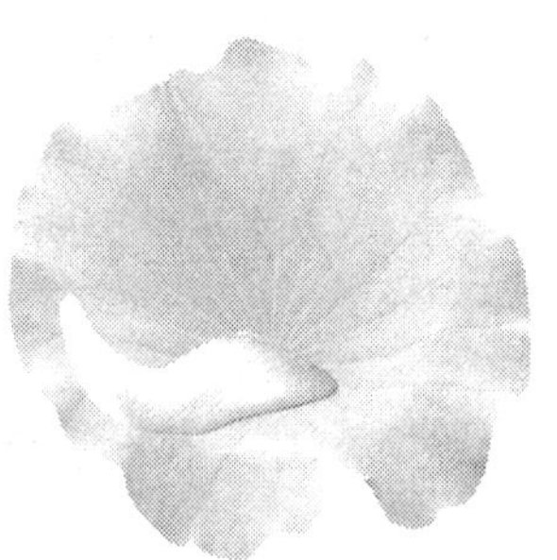

5. 어떤 분이 나에게 물었다.

문 : 어떤 것이 부처 아닙니까?

답 : 씨를 가리키는구나.

문 : 어떤 것이 법 아닙니까?

답 : 씨를 뿌리구나.

문 : 어떤 것이 승 아닙니까?

답 : 씨를 가꾸구나.

6. 어떤 분이 나에게 물었다.

문 : 어떤 것이 부처 아닙니까?
답 : 길을 만드는구나.
문 : 어떤 것이 법 아닙니까?
답 : 길을 머무는구나.
문 : 어떤 것이 승 아닙니까?
답 : 길을 다니는구나.

7. 어떤 분이 나에게 물었다.

문 : 어떤 것이 부처 아닙니까?
답 : 열렸구나.
문 : 어떤 것이 법 아닙니까?
답 : 드러났구나.
문 : 어떤 것이 승 아닙니까?
답 : 꼭 맞구나.

8. 어떤 분이 나에게 물었다.

문 : 어떤 것이 부처 아닙니까?
답 : 부처다.
문 : 어떤 것이 법 아닙니까?
답 : 법이다.

문 : 어떤 것이 승 아닙니까?
답 : 승이다.

9. 어떤 분이 나에게 물었다.

문 : 정녕 어떤 것이 불법승이며 불법승이 아닌 것입니까?
답 : 아침에는 만꽃을 가리키고 저녁에는 만달을 희롱하구나.

 **과일공양**

1. 어떤 선객이 나에게 물었다.

문 : 어떤 것이 제1구입니까?
답 : 그대 발밑에 진주를 가리키구나.
문 : 어떤 것이 제2구입니까?
답 : 그대 발밑에 진주를 쓰구나.
문 : 어떤 것이 제3구입니까?
답 : 그대 발밑에 진주를 뿌리구나.

2. 어떤 선객이 나에게 물었다.

문 : 어떤 것이 제1구입니까?
답 : 온 전체로 행하는구나.
문 : 어떤 것이 제2구입니까?
답 : 온 전체로 펼치구나.
문 : 어떤 것이 제3구입니까?
답 : 온 전체로 거두구나.

3. 어떤 선객이 나에게 물었다.

문 : 어떤 것이 제1구입니까?
답 : 온몸으로 가구나.

문 : 어떤 것이 제2구입니까?

답 : 온몸으로 오구나.

문 : 어떤 것이 제3구입니까?

답 : 온몸으로 머무구나.

4. 어떤 선객이 나에게 물었다.

문 : 어떤 것이 제1구입니까?

답 : 1이니라.

문 : 어떤 것이 제2구입니까?

답 : 2이니라.

문 : 어떤 것이 제3구입니까?

답 : 3이니라.

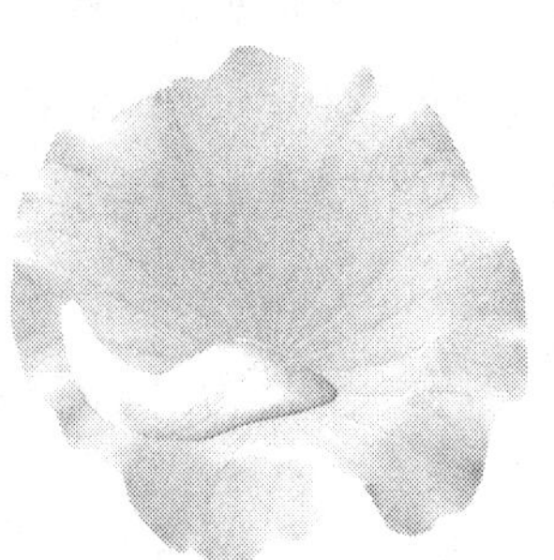

5. 어떤 선객이 나에게 물었다.

문 : 어떤 것이 제1구아닌 것입니까?

답 : 고기 스스로 물이구나.

문 : 어떤 것이 제2구아닌 것입니까?

답 : 고기는 가도 물은 맑구나.

문 : 어떤 것이 제3구아닌 것입니까?

답 : 고기는 물로 보내는구나.

6. 어떤 선객이 나에게 물었다.

문 : 어떤 것이 제1구아닌 것입니까?
답 : 풀은 <u>스스로</u> 푸르구나.
문 : 어떤 것이 제2구아닌 것입니까?
답 : 풀이 한키나 자랐구나.
문 : 어떤 것이 제3구아닌 것입니까?
답 : 풀이 삼계를 꿰뚫었구나.

7. 어떤 선객이 나에게 물었다.

문 : 어떤 것이 제1구아닌 것입니까?
답 : 걸림 없구나.
문 : 어떤 것이 제2구아닌 것입니까?
답 : 물들음 없구나.
문 : 어떤 것이 제3구아닌 것입니까?
답 : 머문바 없구나.

8. 어떤 선객이 나에게 물었다.

문 : 어떤 것이 제1구아닌 것입니까?
답 : 1이다.
문 : 어떤 것이 제2구아닌 것입니까?
답 : 2이다.

문 : 어떤 것이 제3구아닌 것입니까?
답 : 3이다.

9. 어떤 선객이 나에게 물었다.

문 : 필경 어떤 것이 1,2,3구며 1,2,3구가 아닌 것입니까?
답 : 그대 발밑을 가리키고 거두고 펼치고 흥대로구나.

 **엿공양**

1. 어떤 불자가 나에게 물었다.

문 : 홀로 벗어나서 어디에도 의지하지 않을 땐 어떠합니까?
답 : 온몸을 드러내고 다시 천백억 세계를 홍대로 거두고 펼친다.

문 : 어찌해야 하루하루 24시간 영겁토록 매하지 않습니까?
**답 : 그대 눈썹털 속에 온몸을 감추고 하늘과 땅을 조각조각 펼친
   다.**

문 : 어떤 것이 부처님의 팔만사천법문입니까?
답 : 참되구나.

문 : 어떤 것이 세간과 출세간을 초월한 것입니까?
답 : 하!

문 : 어떤 것이 성성영지의 대기대용입니까?
답 : 낱낱이 온 전체로 낱낱이 드러나 원융무애로 똑같이 펼치구나.

문 : 어떤 것이 대기대용의 성성영지입니까?
**답 : 온 전체로 낱낱이 온 전체로 열리어 자유자재로 꼭 맞게 거두
   구나.**

문 : 부처님께서 이 땅에 오신 뜻은 무엇입니까?
**답 : 앉은 채로 삼세를 거두고 선채로 우담바라꽃 참 세상 끝없이
   펼치구나.**

문 : 조사님께서 이 땅에 오신 뜻은 무엇입니까?
답 : 발아래 천백억 세상 이루고 홍대로 쓰구나.

문 : 중생의 생사해탈은 무엇으로 합니까?

답 : 고기는 물로 새는 숲 속으로 보내구나.

문 : 납승은 무엇으로 불조의 은혜를 갚습니까?

답 : 그대 발아래 산호열매 거두고 동서남북 계수열매 끝없이 뿌리
구나.

문 : 열반 후의 소식은 무엇입니까?

답 : 청풍명월을 지니고 마니주도 지니고 비로자나 정수리를 지나
낱낱 티끌마다 온 우주를 열고 무한한 낙 무한히 보내구나.

문 : 지금 소식은 어떤 것입니까?

답 : 천하는 천하에 맡기고 그대는 그대에게 맡기고 나는 천하와 그
대를 마음대로 행하구나.

과자공양

1. 어떤 불자가 나에게 물었다.

문 : 어떤 것이 청정법신 비로자나불 입니까?
답 : 앉은 채로 온 세상을 드러내구나.
문 : 어떤 것이 원만보신 노사나불 입니까?
답 : 앉은 채로 온 세상을 쓰구나.
문 : 어떤 것이 천백억화신 석가모니불 입니까?
답 : 앉은 채로 온 세상을 누리는구나.

2. 어떤 불자가 나에게 물었다.

문 : 어떤 것이 성조작지 입니까?
답 : 꽃을 심고 달을 굴리구나.
문 : 어떤 것이 묘관찰지 입니까?
답 : 학을 날리고 봉황을 거두구나.
문 : 어떤 것이 평등성지 입니까?
답 : 파도를 타고 꽃비를 뿌리구나.
문 : 어떤 것이 대원경지 입니까?
답 : 발밑을 가리키고 산과 물을 펼치구나.

 **감주공양**

1. 어떤 불자가 나에게 물었다.

문 ; 어떤 것이 부처입니까?
답 : 떡!
문 : 어떤 것이 법입니까?
답 : 떡!
문 : 어떤 것이 승입니까?
답 : 떡!
문 : 어떤 것이 불법승 아닙니까?
답 : 떡!
문 : 어떤 것이 세간과 출세간을 초월한 것입니까?
답 : 떡!
문 : 어떤 것이 깨달음입니까?
답 : 떡!
문 : 어떤 것이 미함입니까?
답 : 떡!
문 : 어떤 것이 깨달음과 미함을 초월한 것입니까?
답 : 떡!

 ## 국수공양

어떤 불자가 나에게 물었다.

문 : 어떤 것이 무아입니까?
답 : 만산이 만산에 앉았구나.
문 : 어떤 것이 무심입니까?
답 : 만바다가 만바다에 앉았구나.
문 : 어떤 것이 무상입니까?
답 : 만산이 만산을 떠나지 않았구나.
문 : 어떤 것이 무행입니까?
답 : 만바다가 만바다를 떠나지 않았구나.
문 : 어떤 것이 무념입니까?
답 : 붉은 꽃은 온 전체로 붉구나.
문 : 어떤 것이 무염입니까?
답 : 흰 꽃은 낱낱이 희구나.
문 : 어떤 것이 무주입니까?
답 : 새 스스로 숲이구나.

어떤 불자가 나에게 물었다.

문 : 어떤 것이 무명진여를 초월해 자유자재의 낙입니까?
답 : 갯벌 속에 낙지구나.

문 : 어떤 것이 번뇌해탈을 초월해 무애자재의 낙입니까?
답 : 파도 속에 돌고래구나.

문 : 어떤 것이 망상삼매를 초월해 원융무애의 낙입니까?
답 : 돛대머리 위에 흰 갈매기구나.

문 : 어떤 것이 생사열반을 초월해 상락아정의 낙입니까?
답 : 뙤약볕 아래 호박수제비 끓여 먹는 맛이구나.

문 : 정녕 어째서 이러합니까?
답 : 학도 날고 거북이도 날구나.

 **팥죽공양**

1. 어떤 불자가 나에게 물었다.

문 : 어떤 것이 자유자재입니까?
답 : 강낭콩 속에 호박꽃.
문 : 어떤 것이 무애자재입니까?
답 : 자두열매 속에 금강산 일만이천봉.
문 : 어떤 것이 영원한 실상입니까?
답 : 흙부스러기 속에 쌍쌍의 봉황새.

2. 어떤 불자가 나에게 물었다.

문 : 어떤 것이 성성영지의 대기대용입니까?
답 : 꽃을 가리키고 달을 굴리는구나.
문 : 어떤 것이 대기대용의 성성영지입니까?
답 : 향을 사르고 마니주 뿌리구나.

3. 어떤 불자가 나에게 물었다.

문 : 어떤 것이 사람을 뺏고 경계를 빼앗지 않음입니까?
답 : 풀잎이 한키나 자랐구나.
문 : 어떤 것이 경계를 뺏고 사람을 빼앗지 않음입니까?
답 : 풀잎이 스스로 푸르구나.

문 : 어떤 것이 사람과 경계를 다 뺏음입니까?

답 : 풀잎에 풀잎을 감추구나.

문 : 어떤 것이 사람과 경계를 다 빼앗지 않음입니까?

답 : 풀잎에 풀잎을 드러내구나.

⬤ 특공양 1.

1. 어떤 분이 나에게 물었다.

문 : 어떤 것이 부처입니까?
답 : 특별한 것이 없나니라.
문 : 어떤 것이 중생입니까?
답 : 특별한 것이 없나니라.
문 : 어떤 것이 성인입니까?
답 : 특별한 것이 없나니라.
문 : 어떤 것이 범부입니까?
답 : 특별한 것이 없나니라.
문 : 어떤 것이 왕입니까?
답 : 특별한 것이 없나니라.
문 : 어떤 것이 백성입니까?
답 : 특별한 것이 없나니라.
문 : 어떤 것이 신입니까?
답 : 특별한 것이 없나니라.
문 : 어떤 것이 미신입니까?
답 : 특별한 것이 없나니라.

2. 어떤 분이 나에게 물었다

문 : 어떤 것이 이승입니까?
답 : 특별한 것이 없나니라.
문 : 어떤 것이 저승입니까?
답 : 특별한 것이 없나니라.
문 : 어떤 것이 지옥입니까?
답 : 특별한 것이 없나니라.
문 : 어떤 것이 천국입니까?
답 : 특별한 것이 없나니라.

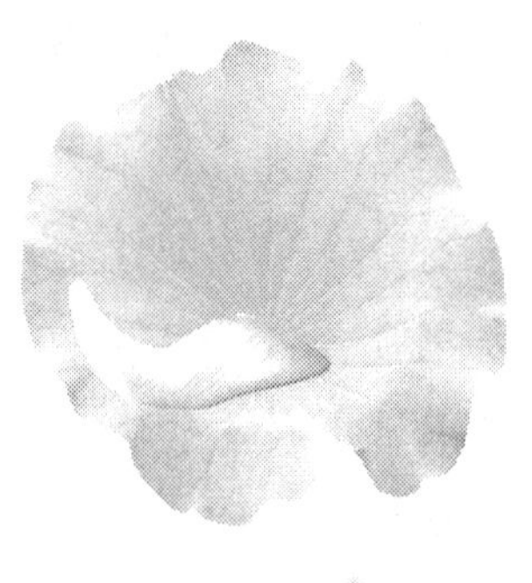

문 : 어떤 것이 사바입니까?
답 : 특별한 것이 없나니라.
문 : 어떤 것이 극락입니까?
답 : 특별한 것이 없나니라.
문 : 어떤 것이 육도입니까?
답 : 특별한 것이 없나니라.
문 : 어떤 것이 온 우주법계입니까?
답 : 특별한 것이 없나니라.
문 : 어떤 것이 삼천대천세계입니까?
답 : 특별한 것이 없나니라.
문 : 어떤 것이 시공세계입니까?
답 : 특별한 것이 없나니라.
문 : 어떤 것이 무변법계입니까?
답 : 특별한 것이 없나니라.

문 : 어떤 것이 시방세계 태초입니까?
답 : 특별한 것이 없나니라.
문 : 어떤 것이 시방세계 영원한 것입니까?
답 : 특별한 것이 없나니라.
문 : 어떤 것이 시방세계 종말입니까?
답 : 특별한 것이 없나니라.

3. 어떤 분이 나에게 물었다.

문 : 어떤 것이 무명업식입니까?
답 : 특별한 것이 없나니라.
문 : 어떤 것이 진여실상입니까?
답 : 특별한 것이 없나니라.
문 : 어떤 것이 번뇌망상입니까?
답 : 특별한 것이 없나니라.
문 : 어떤 것이 삼매해탈입니까?
답 : 특별한 것이 없나니라.
문 : 어떤 것이 생노병사입니까?
답 : 특별한 것이 없나니라.
문 : 어떤 것이 무여열반입니까?
답 : 특별한 것이 없나니라.
문 : 어떤 것이 생주이멸입니까?
답 : 특별한 것이 없나니라.

문 : 어떤 것이 여여불변입니까?
답 : 특별한 것이 없나니라.

문 : 어떤 것이 성주괴공입니까?
답 : 특별한 것이 없나니라.

문 : 어떤 것이 상주부동입니까?
답 : 특별한 것이 없나니라.

문 : 어떤 것이 육도윤회입니까?
답 : 특별한 것이 없나니라.

문 : 어떤 것이 상락아정입니까?
답 : 특별한 것이 없나니라.

문 : 어떤 것이 천도입니까?
답 : 특별한 것이 없나니라.

문 : 어떤 것이 부활입니까?
답 : 특별한 것이 없나니라.

문 : 어떤 것이 전지전능입니까?
답 : 특별한 것이 없나니라.

문 : 어떤 것이 견성오도입니까?
답 : 특별한 것이 없나니라.

문 : 어떤 것이 삶입니까?
답 : 특별한 것이 없나니라.

문 : 어떤 것이 죽음입니까?
답 : 특별한 것이 없나니라.

문 : 어떤 것이 정도입니까?
답 : 특별한 것이 없나니라.
문 : 어떤 것이 사도입니까?
답 : 특별한 것이 없나니라.
문 : 어떤 것이 천사입니까?
답 : 특별한 것이 없나니라.
문 : 어떤 것이 사탄입니까?
답 : 특별한 것이 없나니라.

4. 어떤 분이 나에게 물었다.

문 : 어떤 것이 불법대의입니까?
답 : 특별한 것이 없나니라.
문 : 어떤 것이 팔만사천법문입니까?
답 : 특별한 것이 없나니라.
문 : 어떤 것이 세존의 꽃 한 송이입니까?
답 : 특별한 것이 없나니라.
문 : 어떤 것이 가섭의 미소입니까?
답 : 특별한 것이 없나니라.
문 : 어떤 것이 달마가 동쪽에 온 까닭입니까?
답 : 특별한 것이 없나니라.
문 : 어떤 것이 마조의 일면불 월면불입니까?
답 : 특별한 것이 없나니라.

문 : 어떤 것이 파초의 주장자입니까?
답 : **특별한 것이 없나니라.**

문 : 어떤 것이 대안의 대안입니까?
답 : **특별한 것이 없나니라.**

문 : 어떤 것이 원효의 표주박입니까?
답 : **특별한 것이 없나니라.**

문 : 어떤 것이 보화의 요령소리입니까?
답 : **특별한 것이 없나니라.**

문 : 어떤 것이 투자의 기름 값입니까?
답 : **특별한 것이 없나니라.**

문 : 어떤 것이 임제의 할입니까?
답 : **특별한 것이 없나니라.**

문 : 어떤 것이 덕산의 방망이입니까?
답 : **특별한 것이 없나니라.**

문 : 어떤 것이 조주의 차 한 잔입니까?
답 : **특별한 것이 없나니라.**

문 : 어떤 것이 운문의 호떡입니까?
답 : **특별한 것이 없나니라.**

문 : 어떤 것이 구지의 한 손가락입니까?
답 : **특별한 것이 없나니라.**

문 : 어떤 것이 천칠백 공안입니까?
답 : **특별한 것이 없나니라.**

5. 어떤 분이 나에게 물었다.

문 : 어떤 것이 진여자성입니까?
답 : 특별한 것이 없나니라.
문 : 어떤 것이 무상대도입니까?
답 : 특별한 것이 없나니라.
문 : 어떤 것이 깨달음입니까?
답 : 특별한 것이 없나니라.
문 : 어떤 것이 미함입니까?
답 : 특별한 것이 없나니라.
문 : 어떤 것이 돈오돈수입니까?
답 : 특별한 것이 없나니라.
문 : 어떤 것이 돈오점수입니까?
답 : 특별한 것이 없나니라.
문 : 어떤 것이 부처의 행입니까?
답 : 특별한 것이 없나니라.
문 : 어떤 것이 중생의 행입니까?
답 : 특별한 것이 없나니라.
문 : 어떤 것이 무위진인입니까?
답 : 특별한 것이 없나니라.
문 : 어떤 것이 수처작주입니까?
답 : 특별한 것이 없나니라.
문 : 어떤 것이 평상심입니까?
답 : 특별한 것이 없나니라.

문 : 어떤 것이 세간사입니까?

답 : 특별한 것이 없나니라.

문 : 어떤 것이 출세간입니까?

답 : 특별한 것이 없나니라.

문 : 어떤 것이 세간과 출세간을 초월한 것입니까?

답 : 특별한 것이 없나니라.

6. 어떤 분이 나에게 물었다.

문 : 어떤 것이 동정일여입니까?

답 : 특별한 것이 없나니라.

문 : 어떤 것이 몽중일여입니까?

답 : 특별한 것이 없나니라.

문 : 어떤 것이 숙면일여입니까?

답 : 특별한 것이 없나니라.

문 : 어떤 것이 오매일여입니까?

답 : 특별한 것이 없나니라.

문 : 어떤 것이 일행삼매입니까?

답 : 특별한 것이 없나니라.

문 : 어떤 것이 일행해탈입니까?

답 : 특별한 것이 없나니라.

문 : 어떤 것이 자유자재입니까?

답 : 특별한 것이 없나니라.

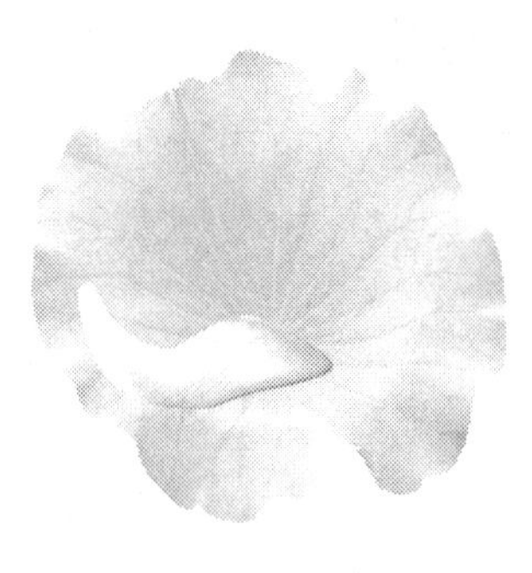

문 : 어떤 것이 무애자재입니가?
답 : 특별한 것이 없나니라.
문 : 어떤 것이 신통묘용입니까?
답 : 특별한 것이 없나니라.
문 : 어떤 것이 견성성불입니까?
답 : 특별한 것이 없나니라.
문 : 어떤 것이 본불본행입니까?
답 : 특별한 것이 없나니라.

7. 어떤 분이 나에게 물었다.

문 : 어떤 것이 정신세계입니까?
답 : 특별한 것이 없나니라.
문 : 어떤 것이 육체세계입니까?
답 : 특별한 것이 없나니라.
문 : 어떤 것이 문화의 세계입니까?
답 : 특별한 것이 없나니라.
문 : 어떤 것이 물질의 세계입니까?
답 : 특별한 것이 없나니라.
문 : 어떤 것이 민주입니까?
답 : 특별한 것이 없나니라.
문 : 어떤 것이 공산입니까?
답 : 특별한 것이 없나니라.

문 : 어떤 것이 진보입니까?

답 : 특별한 것이 없나니라.

문 : 어떤 것이 보수입니까?

답 : 특별한 것이 없나니라.

문 : 어떤 것이 개혁입니까?

답 : 특별한 것이 없나니라.

문 : 어떤 것이 수구입니까?

답 : 특별한 것이 없나니라.

문 : 어떤 것이 법치입니까?

답 : 특별한 것이 없나니라.

문 : 어떤 것이 인치입니까?

답 : 특별한 것이 없나니라.

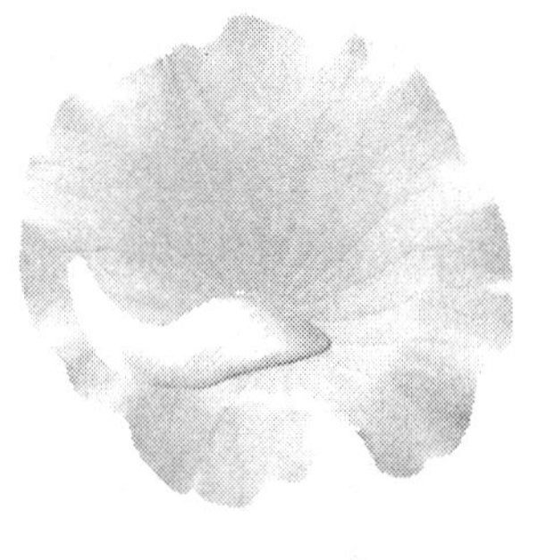

문 : 어떤 것이 국제화입니까?

답 : 특별한 것이 없나니라.

문 : 어떤 것이 민족화입니까?

답 : 특별한 것이 없나니라.

문 : 어떤 것이 세계화입니까?

답 : 특별한 것이 없나니라.

문 : 어떤 것이 개인화입니까?

답 : 특별한 것이 없나니라.

문 : 어떤 것이 양변입니까?

답 : 특별한 것이 없나니라.

문 : 어떤 것이 중도입니까?
답 : 특별한 것이 없나니라.
문 : 어떤 것이 제3의 길입니까?
답 : 특별한 것이 없나니라.
문 : 어떤 것이 특별한 것입니까?
답 : 특별한 것이 없나니라.
문 : 어떤 것이 특별한 것이 없는 것입니까?
답 : 특별한 것이 없나니라.

8. 어떤 분이 나에게 물었다.

문 : 필경 무엇입니까?
답 : 특별한 것이 없나니라.

특공양 2

1. 어떤 분이 나에게 물었다.

문 : 어떤 것이 부처입니까?
답 : 그대가 밥을 먹구나.
문 : 어떤 것이 중생입니까?
답 : 그대가 떡을 먹구나.
문 : 어떤 것이 성인입니까?
답 : 그대가 물마시구나.
문 : 어떤 것이 범부입니까?
답 : 그대가 웃구나.
문 : 어떤 것이 왕입니까?
답 : 그대가 노래하구나.
문 : 어떤 것이 백성입니까?
답 : 그대가 춤추구나.
문 : 어떤 것이 신입니까?
답 : 그대가 울구나.
문 : 어떤 것이 미신입니까?
답 : 그대가 성내구나.

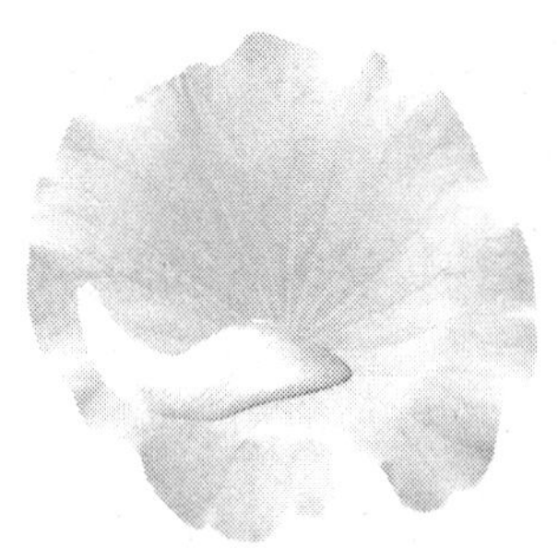

2. 어떤 분이 나에게 물었다.

문 : 어떤 것이 이승입니까?
답 : 그대가 꽃이구나.
문 : 어떤 것이 저승입니까?
답 : 그대가 풀이구나.
문 : 어떤 것이 지옥입니까?
답 : 그대가 돌이구나.
문 : 어떤 것이 천국입니까?
답 : 그대가 무쇠구나.
문 : 어떤 것이 사바입니까?
답 : 그대가 열매구나.
문 : 어떤 것이 극락입니까?
답 : 그대가 잎새구나.
문 : 어떤 것이 육도입니까?
답 : 그대가 산이구나.
문 : 어떤 것이 온 우주법계입니까?
답 : 그대가 물이구나.
문 : 어떤 것이 삼천대천세계입니까?
답 : 그대가 쌀이구나.
문 : 어떤 것이 시공세계입니까?
답 : 그대가 보리구나.
문 : 어떤 것이 무변법계입니까?
답 : 그대가 콩이구나.

문 : 어떤 것이 시방세계 태초입니까?

답 : 그대가 팥이구나.

문 : 어떤 것이 시방세계 영원한 것입니까?

답 : 그대가 하늘이구나.

문 : 어떤 것이 시방세계 종말입니까?

답 : 그대가 법계구나.

3. 어떤 분이 나에게 물었다.

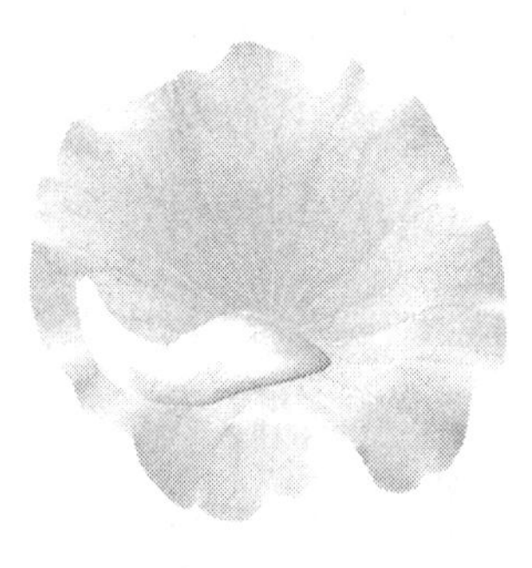

문 : 어떤 것이 무명업식입니까?

답 : 그대가 씨앗이구나.

문 : 어떤 것이 진여실상입니까?

답 : 그대가 참새구나.

문 : 어떤 것이 번뇌망상입니까?

답 : 그대가 바람이구나.

문 : 어떤 것이 삼매해탈입니까?

답 : 그대가 부엉새구나.

문 : 어떤 것이 생노병사입니까?

답 : 그대가 뻐꾹새구나.

문 : 어떤 것이 무여열반입니까?

답 : 그대가 잉어구나.

문 : 어떤 것이 생주이멸입니까?

답 : 그대가 대문이구나.

문 : 어떤 것이 여여불변입니까?

답 : 그대가 시장바닥이구나.

문 : 어떤 것이 성주괴공입니까?

답 : 그대가 안마당이구나.

문 : 어떤 것이 상주부동입니까?

답 : 그대가 대들보이구나.

문 : 어떤 것이 육도윤회입니까?

답 : 그대가 소나무구나.

문 : 어떤 것이 상락아정입니까?

답 : 그대가 감나무구나.

문 : 어떤 것이 천도입니까?

답 : 그대가 감이구나.

문 : 어떤 것이 부활입니까?

답 : 그대가 석류구나.

문 : 어떤 것이 전지전능입니까?

답 : 그대가 고추잠자리구나.

문 : 어떤 것이 견성오도입니까?

답 : 그대가 그대구나.

문 : 어떤 것이 삶입니까?

답 : 그대가 다구나.

문 : 어떤 것이 죽음입니까?

답 : 그대가 앉구나.

문 : 어떤 것이 정도입니까?
답 : 그대가 왔구나.
문 : 어떤 것이 사도입니까?
답 : 그대가 갔구나.
문 : 어떤 것이 천사입니까?
답 : 그대 눈썹털이구나.
문 : 어떤 것이 사탄입니까?
답 : 그대 배꼽이구나.

4. 어떤 분이 나에게 물었다.

문 : 어떤 것이 불법대의입니까?
답 : 그대가 해와 달을 굴리구나.
문 : 어떤 것이 팔만사천법문입니까?
답 : 그대가 산과 물을 펼치구나.
문 : 어떤 것이 세존의 꽃 한 송이입니까?
답 : 그대가 동쪽을 펼치구나.
문 : 어떤 것이 가섭의 미소입니까?
답 : 그대가 서쪽을 펼치구나.
문 : 어떤 것이 달마가 동쪽에 온 까닭입니까?
답 : 그대가 진주를 쓰구나.
문 : 어떤 것이 마조의 일면불 월면불입니까?
답 : 그대가 진주를 뿌리구나.

문 : 어떤 것이 파초의 주장자입니까?

답 : 그대가 진주를 굴리구나.

문 : 어떤 것이 대안의 대안입니까?

답 : 그대가 학을 날리구나.

문 : 어떤 것이 원효의 표주박입니까?

답 : 그대가 앞산을 세우구나.

문 : 어떤 것이 보화의 요령소리입니까?

답 : 그대가 냉면을 먹구나.

문 : 어떤 것이 투자의 기름 값입니까?

답 : 그대가 앞산에 앉았구나.

문 : 어떤 것이 임제의 할입니까?

답 : 그대가 고래를 탔구나.

문 : 어떤 것이 덕산의 방망이입니까?

답 : 그대가 물곰을 탔구나.

문 : 어떤 것이 조주의 차 한잔입니까?

답 : 그대가 동백꽃을 심구나.

문 : 어떤 것이 운문의 호떡입니까?

답 : 그대가 만 봄을 펼치구나.

문 : 어떤 것이 구지의 한 손가락입니까?

답 : 그대가 만 가을을 누리구나.

문 : 어떤 것이 천칠백 공안입니까?

답 : 그대가 우담바라 난발구나.

5. 어떤 분이 나에게 물었다.

문 : 어떤 것이 진여자성입니까?
답 : 그대가 닳구나.

문 : 어떤 것이 무상대도입니까?
답 : 그대가 쓰구나.

문 : 어떤 것이 깨달음입니까?
답 : 그대가 시구나.

문 : 어떤 것이 미함입니까?
답 : 그대가 짜구나.

문 : 어떤 것이 돈오돈수입니까?
답 : 그대가 싱겁구나.

문 : 어떤 것이 돈오점수입니까?
답 : 그대가 맵구나.

문 : 어떤 것이 부처의 행입니까?
답 : 그대가 붉구나.

문 : 어떤 것이 중생의 행입니까?
답 : 그대가 푸르구나.

문 : 어떤 것이 무위진인입니까?
답 : 그대가 희구나.

문 : 어떤 것이 수처작주입니까?
답 : 그대가 검구나.

문 : 어떤 것이 평상심입니까?
답 : 그대가 덥구나.

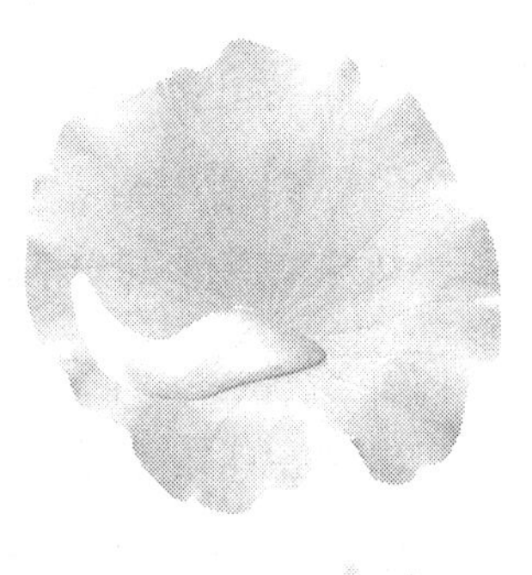

문 : 어떤 것이 세간사입니까?

답 : 그대가 시원구나.

문 : 어떤 것이 출세간입니까?

답 : 그대가 춥구나.

문 : 어떤 것이 세간과 출세간을 초월한 것입니까?

답 : 그대가 별이구나.

6. 어떤 분이 나에게 물었다.

문 : 어떤 것이 동정일여입니까?

답 : 그대가 남동풍이구나.

문 : 어떤 것이 몽중일여입니까?

답 : 그대가 동남풍이구나.

문 : 어떤 것이 숙면일여입니까?

답 : 그대가 문어구나.

문 : 어떤 것이 오매일여입니까?

답 : 그대가 오징어구나.

문 : 어떤 것이 일행삼매입니까?

답 : 그대가 소라고동이구나.

문 : 어떤 것이 일행해탈입니까?

답 : 그대가 가자미구나.

문 : 어떤 것이 자유자재입니까?

답 : 그대가 홍어구나.

문 : 어떤 것이 무애자재입니까?
답 : 그대가 대구구나.

문 : 어떤 것이 신통묘용입니까?
답 : 그대가 명태구나.

문 : 어떤 것이 견성성불입니까?
답 : 그대가 상어구나.

문 : 어떤 것이 본불본행입니까?
답 : 그대가 가물치구나.

7. 어떤 분이 나에게 물었다.

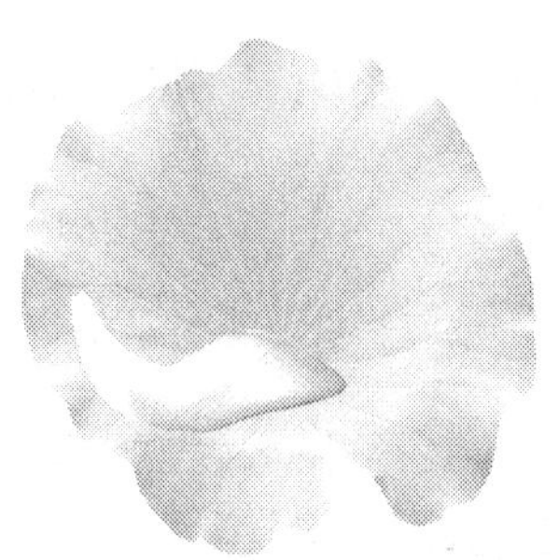

문 : 어떤 것이 정신세계입니까?
답 : 그대가 즐겁구나.

문 : 어떤 것이 육체세계입니까?
답 : 그대가 편안구나.

문 : 어떤 것이 문화의 세계입니까?
답 : 그대가 아름답구나.

문 : 어떤 것이 물질의 세계입니까?
답 : 그대가 풍요롭구나.

문 : 어떤 것이 민주입니까?
답 : 그대가 호박꽃이구나.

문 : 어떤 것이 공산입니까?
답 : 그대가 호박떡이구나.

문 : 어떤 것이 진보입니까?
답 : 그대가 호박엿이구나.

문 : 어떤 것이 보수입니까?
답 : 그대가 호박죽이구나.

문 : 어떤 것이 개혁입니까?
답 : 그대가 찹쌀떡이구나.

문 : 어떤 것이 수구입니까?
답 : 그대가 수수떡이구나.

문 : 어떤 것이 법치입니까?
답 : 그대가 시루떡이구나.

문 : 어떤 것이 인치입니까?
답 : 그대가 송편이구나.

문 : 어떤 것이 국제화입니까?
답 : 그대가 찔레꽃이구나.

문 : 어떤 것이 민족화입니까?
답 : 그대가 들국화구나.

문 : 어떤 것이 세계화입니까?
답 : 그대가 해당화구나.

문 : 어떤 것이 개인화입니까?
답 : 그대가 코스모스구나.

문 : 어떤 것이 양변입니까?
답 : 그대가 철쭉이구나.

문 : 어떤 것이 중도입니까?

답 : 그대가 복사꽃이구나.

문 : 어떤 것이 제3의 길입니까?

답 : 그대가 목련꽃이구나.

문 : 어떤 것이 특별한 것입니까?

답 : 그대가 수국이구나.

문 : 어떤 것이 특별한 것이 없는 것입니까?

답 : 그대가 연꽃이구나.

8. 어떤 분이 나에게 물었다.

문 : 필경 무엇입니까?

답 : 붉고 흰 꽃 난발케 하고 산호열매 계수열매 무진장 뿌리구나.

 ## 소신공양

1. 어떤 분이 나에게 물었다.

문 : 어떤 것이 금강왕보검입니까?
답 : 한 달빛이 만 그림자를 감추구나.
문 : 어떤 것이 땅에 웅크려 걸터앉은 금모사자입니까?
답 : 고기는 물로 새는 숲 속으로 보내구나.
문 : 어떤 것이 염탐하는 장대와 그림자 풀입니까?
답 : 산호열매를 뿌리고 계수열매를 거두는구나.
문 : 어떤 것이 일할이 일할을 짓지 않음입니까?
답 : 풀잎마다 해와 달이구나.

2. 어떤 분이 나에게 물었다.

문 : 어떤 것이 금강왕보검입니까?
답 : 맵새를 날려 천백억 금시조를 삼킨다.
문 : 어떤 것이 땅에 웅크려 걸터앉은 금모사자입니까?
답 : 눈썹털마다 천하를 펼친다.
문 : 어떤 것이 염탐하는 장대와 그림자 풀입니까?
답 : 고래는 파도 속에 던지고 용은 흰구름 끝으로 쫓아 버린다.
문 : 어떤 것이 일할이 일할을 짓지 않음입니까?
답 : 차 속에 해와 달을 마시며 봄에는 봄을 펼치는구나.

3. 어떤 분이 나에게 물었다.

문 : 어떤 것이 금강왕보검입니까?
답 : 콩을 쪼개어 만겁의 가을을 누린다.
문 : 어떤 것이 땅에 웅크려 걸터앉은 금모사자입니까?
답 : 서쪽을 돌이켜 동쪽으로 보낸다.
문 : 어떤 것이 염탐하는 장대와 그림자 풀입니까?
답 : 미륵은 용궁으로 보내고 아미타는 지옥으로 보낸다.
문 : 어떤 것이 일할이 일할을 짓지 않음입니까?
답 : 앉은 채로 꽃을 뿌리며 만 세상에 태평가를 보내구나.

 등공양

어떤 분이 나에게 물었다.

문 : 꿈도 없고 생각도 없고 잠이 꽉 들었을 때 주인공이 어디서 안
　　심입명 합니까?
답 : **다시 온몸을 드러내고 천하를 홍대로 조각조각 거두고 펼치구
　　나.**
문 : 너에게 주장자가 있으면 너에게 주장자를 주고 너에게 주장자
　　가 없으면 너에게서 주장자를 빼앗아 버린다는 것이 무엇입니
　　까?
답 : **낮에는 붉고 흰 꽃을 가리키고 밤에는 해와 달을 희롱하구나.**
문 : "산호베개 위에 두 줄기 눈물이여 반은 그대를 생각함이요, 반
　　은 그대를 한 함이로세." 라는 것이 무엇입니까?
답 : **고기 스스로 물이요 새 스스로 숲이니, 동서남북 산호열매 계
　　수열매 끝없이 쏟아지구나.**

청수공양

어떤 불자가 나에게 물었다.

문 : 어떤 것이 동서남북 꽃비가 내리는 것입니까?
답 : 호박떡.

문 : 어떤 것이 온 세상 감로바다에 잠김입니까?
답 : 콩국수.

문 : 어떤 것이 유정무정 절로 해탈락에 취함입니까?
답 : 갈바람.

문 : 어떤 것이 무명업식이 진여실상으로 열립니까?
답 : 하나 둘 셋.

문 : 필경 어째서 그러합니까?
답 : 가갸 거겨.

문 : 정녕 무엇입니까?
답 : 흰 사발에 물.

 **염불공양**

어떤 불자가 나에게 물었다.

문 : 어떤 것이 무명업식 그대로 진여실상입니까?
답 : 부엉새는 부엉 부엉 부엉.

문 : 어떤 것이 번뇌망상 그대로 삼매해탈입니까?
답 : 뻐꾹새는 뻐꾹 뻐꾹 뻐꾹.

문 : 어떤 것이 생주이멸 그대로 상주무애입니까?
답 : 기러기는 끼룩 끼룩 끼르룩.

문 : 어떤 것이 생노병사 그대로 무여열반입니까?
답 : 개구리는 개굴 개굴 개굴.

문 : 어떤 것이 육도윤회 그대로 상락아정입니까?
답 : 매미는 맴 맴 맴.

문 : 어떤 것이 성주괴공 그대로 여여부동입니까?
답 : 귀뚜라미는 찌룩 찌룩 찌르룩.

문 : 필경 어째서 이러합니까?
답 : 달빛 아래 구멍 없는 통수소리.

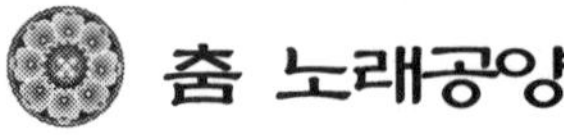 춤 노래공양

어떤 불자가 나에게 물었다.

문 : 어떤 것이 영원한 생명의 세계입니까?
답 : **발바닥이 온 우주보다 크구나.**

문 : 어떤 것이 영원한 자유의 세계입니까?
답 : **앞산이 하늘보다 높구나.**

문 : 어떤 것이 영원한 평화의 세계입니까?
답 : **돌 속에도 큰 바다를 이루구나.**

문 : 어떤 것이 영원한 행복의 세계입니까?
답 : **조개마다 둥근 달을 토하구나.**

문 : 어떤 것이 영원한 주인의 세계입니까?
답 : **꽃을 심고 해와 달을 굴리는구나.**

문 : 어떤 것이 영원한 창조의 세계입니까?
답 : **진흙소가 금코끼리를 낳는구나.**

문 : 어떤 것이 영원한 진리의 세계입니까?
답 : **서산에 해와 달이 떨어질 줄 모르는구나.**

문 : 어떤 것이 영원한 풍요의 세계입니까?
답 : **애벌레가 학이 되어 나는구나.**

문 : 어떤 것이 영원한 무한의 세계입니까?
답 : **눈썹털마다 콧구멍이 열렸구나.**

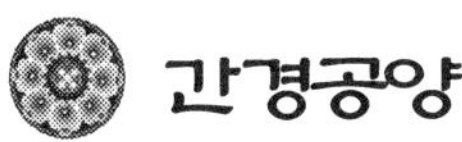 **간경공양**

어떤 불자가 나에게 물었다.

문 : 어떤 것이 팔만사천대장경입니까?
답 : 흰 꽃은 종이요 검은 것은 글자구나.
문 : 어떤 것이 팔만사천대장경의 구절입니까?
답 : 그대가 온 천하를 이루구나.
문 : 어떤 것이 팔만사천대장경의 뜻입니까?
답 : 그대가 온 천하의 주인이구나.
문 : 어떤 것이 팔만사천대장경의 맛입니까?
답 : 그대가 온 천하를 흥대로구나.
문 : 어떤 것이 팔만사천대장경의 행입니까?
답 : 그대가 밝으니 온 천하가 안락이구나.
문 : 어떤 것이 팔만사천대장경의 누림입니까?
답 : 그대가 중생이요 그대가 부처구나.
문 : 어떤 것이 팔만사천대장경의 수명입니까?
답 : 온 천하가 멸해도 그대는 멸하지 않구나.
문 : 필경 어째서 그러합니까?
답 : 달고 쓰고 시고 맵고 짜고 싱겁구나.

1. 어떤 불자가 나에게 물었다.

문 : 어떤 것이 부처의 일입니까?
답 : 절룩 절룩 절룩이구나.
문 : 어떤 것이 중생의 일입니까?
답 : 절룩 절룩 절룩이구나.
문 : 어떤 것이 생사의 일입니까?
답 : 절룩 절룩 절룩이구나.
문 : 어떤 것이 열반의 일입니까?
답 : 절룩 절룩 절룩이구나.

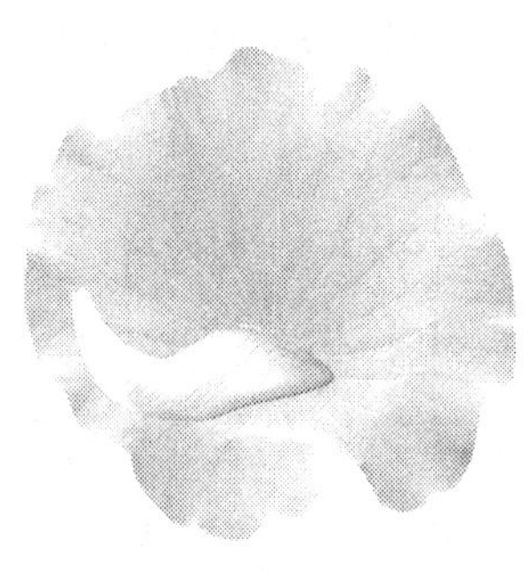

문 : 어떤 것이 전생의 일입니까?
답 : 절룩 절룩 절룩이구나.
문 : 어떤 것이 금생의 일입니까?
답 : 절룩 절룩 절룩이구나.
문 : 어떤 것이 후생의 일입니까?
답 : 절룩 절룩 절룩이구나.
문 : 어째서 필경 이러합니까?
답 : 절룩 절룩 절룩이구나.

2. 어떤 불자가 나에게 물었다.

문 : 어떤 것이 부처의 일입니까?
답 : 가을에는 가을을 펼치구나.
문 : 어떤 것이 중생의 일입니까?
답 : 그대가 만 가을을 즐기구나.
문 : 어떤 것이 생사의 일입니까?
답 : 그대가 가을이구나.
문 : 어떤 것이 열반의 일입니까?
답 : 가을이 그대구나.
문 : 어떤 것이 전생의 일입니까?
답 : 풀잎도 가을이구나.
문 : 어떤 것이 금생의 일입니까?
답 : 돌멩이도 가을이구나.
문 : 어떤 것이 후생의 일입니까?
답 : 쇠붙이도 가을이구나.
문 : 어째서 필경 이러합니까?
답 : 그대 눈썹털이구나.

 **차공양**

하!

아침에는 해 꽃을 다린 차를 마시고
온 마음 온몸 그대로 온 세상과 같이 밝고
낮에는 돌 꽃을 다린 차를 마시니
온 마음 온몸 그대로 온 세상과 같이 아름답고

저녁에는 달 꽃을 다린 차를 마시니
온 마음 온몸 그대로 온 세상과 같이 둥글고
밤에는 별 꽃을 다린 차를 마시니
온 마음 온몸 그대로 온 세상과 같이 빛난다.

언제나 그대 가슴에 활짝 웃는 꽃을 다린 차를 마시니
지옥을 천국으로 바꾸고 극락을 사바로 옮기구나.

하!

무한히 마시구나.
무한히 누리구나.
무한히 주구나.

하!

 꽃공양

하!

한 달빛이 만 그림자를 거두고 홀로 행하니
온 세상 온 뜨락에 산호열매 계수열매 마구 쏟아지구나.
몸도 다 주고 마음도 다 주고 끝내 나도 다 주니
삼천대천세계도 자취 없고 다시 무엇이 남을까?

주고 주고 주고 줘도 내 몸 다함이 없고
주고 주고 주고 줘도 내 마음 다함이 없고
주고 주고 주고 줘도 끝내 내가 다함없으니
삼천대천세계도 역력하고 다시 무엇이 부족할까?

낱낱이 온 천하를 덮고 낱낱이 온 천하를 쓰고
온 천하를 낱낱이 덮고 온 천하를 낱낱이 쓰니
남김없이 온 전체로 낱낱이 생노병사를 초월하고
다함없이 낱낱이 온 전체로 생노병사를 홍대로구나.

붉고 희고 달고 쓰고 둥글고 모나고 크고 작고 옳고 그르고
제 모습 제 이름 제 빛깔 제 맛 제 판단 스스로에게 맡기니
처음도 없이 자욱마다 온갖 곳 온갖 것이 꽃이 되어
끝도 없이 자욱마다 온 세계를 동시에 거두고 펼치니

눈썹털마다 천백억 해와 달 끝없이 솟아나고
콧구멍마다 천백억 온갖 꽃향기 동서남북 보내는구나.
꽃잎마다 꽃 온 우주보다 크게 피어 영원히 시들 줄 모르구나.
물속 진흙소 꽃보고 울부짖고 불속 나무말 꽃보고 큰웃음 터트리구
   나.

하!

꽃을 심고 꽃을 심고 꽃을 심고 다함께 열린 꽃을 누리구나.

하!

돌!
나는 나를 두지 않으니
어디에도 나를 아낌없이 쓰구나
온 생명 다함없이 태우고
온 마음 다함없이 태우고
온몸 다함없이 태우고
온 우주 다함없이 태우고
나는 다시 무엇이 남을까?
비로소 본 생명 드러나 밝고 밝고 밝고
비로소 본마음 드러나 밝고 밝고 밝고
비로소 본 몸 드러나 밝고 밝고 밝고
비로소 본 세상 드러나 밝고 밝고 밝고
비로소 본 우주 드러나 밝고 밝고 밝아서
불 속에 핀 우담바라 꽃 영원히 시들 줄 모르고
서산에 해와 달 끝까지 떨어질 줄 모르니
나는 나를 다시 무엇이 부족할까?
풀잎도 촛불이요 돌도 촛불이요
티끌도 촛불이요 구름도 촛불이요
산도 촛불이요 바다도 촛불이요
하늘도 촛불이요 땅도 촛불이요
그대도 촛불이요 나도 촛불이요
지옥도 촛불이요 극락도 촛불이요

죽음도 촛불이요 생도 촛불이요
부처도 촛불이요 중생도 촛불이니
영겁토록 캄캄한 밤이나 밝은 낮이나 자유자재로
영겁토록 천백억 해와 달보다 밝게 밝게 밝게 비추어
낱낱이 무량공덕 온 전체로 동서남북 무한하구나.

하!

산채로 스스로 다 태워 온 천하를 꼼짝없이 복되게
끝없이 자유롭게 하구나.

하!

하!

홀연히 자기를 태워 머문바 없으니
그윽한 향기 삼계를 꿰뚫어
지옥을 극락으로 바꾸고
낱낱 티끌에도 우담바라 꽃 피우니

우담바라 꽃 아름다운 세상 온 우주 이루어서
온 세상 모두 앉은 채로 천백억 행복 펼치게 하고
온 세상 모두 선 채로 천백억 자유 펼치게 하고
다시 머흘머흘 하늘과 땅을 조각조각 열고

온 우주법계에 길이길이 청풍을 떨치구나
정녕 그대도 이 한오락 향과 같이 행하시는고?
나도 이 한오락 향과 같이 사르고 사르고 사르니
그대 발밑에 천백억 마니주가 끝없이 쏟아지구나.

하!

하!

생각에 생각이 없으니
생각대로 자유자재요
행함에 행함이 없으니
행함대로 무애자재라
일체를 흥대로 이루고
일체를 흥대로 열고
일체를 흥대로 드러내고
일체를 흥대로 쓰고
일체를 흥대로 누리구나.

지금 여러분은 어떠하신고?

우뢰를 퍼부어 생사를 파하고
파도를 일으키며 열반을 즐기구나.

하!

나를 온 세상으로 무궁무진 보내구나.

하!

 # 법공양 - 2

하!

스스로 종횡무진 흥대로라
시절인연을 흥대로 나투고
무명업식을 흥대로 즐기고
번뇌망상을 흥대로 즐기고
생주이멸을 흥대로 즐기고
생노병사를 흥대로 즐기고
육도윤회를 흥대로 즐기고
성주괴공을 흥대로 즐기고
천칠백공안을 흥대로 즐기고
옛이나 지금이나 훗날이나
무엇이든지 진여법계를 이루어
낱낱 티끌에도 삼매해탈이요
낱낱 먼지에도 상락아정이구나.

지금 여러분은 어떠하신고?

돌멩이 속에도 도솔천내원궁이요
풀잎 속에도 극락세계 구품연화대구나.

하!

무궁무진 청풍명월을 그대께 보내구나.

하!

 # 법공양 - 3

하!

삼라만상 스스로 무한해서
삼라만상 스스로 온 우주를 이루고
삼라만상 스스로 온 우주 나투어
삼라만상 스스로 온 우주 누리니
삼라만상 스스로 온 우주 낙이라
풀잎은 온 우주 펼쳐 청풍이요
꽃잎은 온 우주 펼쳐 명월이요
돌멩이는 온 우주 펼쳐 마니주니
언제나 무엇이든 홍대로 낙이요
어디서나 무엇이든 홍대로 세상이어서
무명업식이 진여실상으로 삼매해탈이요
육도윤회가 무여열반으로 상락아정이구나.

지금 여러분은 어떠하신고?

스스로 해와 달이 되어 영겁을 굴리고
다함께 산과 물이 되어 온누리 풍요로구나.

하!

그대 발밑에 우담바라 난발하구나.

 하!

법공양 - 4

하!

낮에는 꽃을 심고 꽃을 가리키고
밤에는 달을 띄우고 마니주 뿌리니
유정이나 무정이나 무한 삼매 낙이요
성인이나 범부나 무한 해탈 낙이요
이승이나 저승이나 무한 열반 낙이라
사바나 극락이나 흥대로 자유자재요
부처나 중생이나 흥대로 무애자재구나.

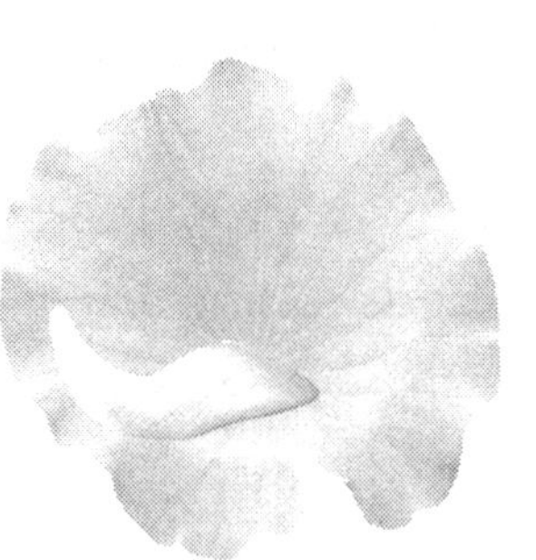

지금 여러분은 어떠하신고?

앞산을 하늘 위로 옮기니 동남풍이요
삼계를 자라 눈 속에 거두니 호박떡이구나.

하!

한오락 향을 사르며
온 법계를 그대께 맡기구나.

하!

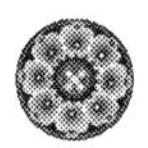 # 법공양 - 5

하!

온 마음 온몸으로 삼천대천세계를 열고
자욱자욱마다 우담바라 꽃 온 세상 떨치는구나.
돌멩이마다 천백억 해와 달을 토하고
풀잎마다 천백억 마니주가 쏟아지니
이승과 저승을 흥대로 굴리며 무한하구나.

정녕 여러분도 이러히 무애자재 행하시는고?

청풍을 꿰뚫고 비로자나 정수리를 지나니
참 생명 참 세상 참 행복이 다시 끝이 없구나.

하!

발바닥이 온 우주보다 크구나.

쿵더쿵 쿵더쿵 쿵더쿵 지옥을 천국으로 바꾸고
풍더쿵 풍더쿵 풍더쿵 사바를 극락으로 흥대로요
둥더쿵 둥더쿵 둥더쿵 무명을 진여로 흥대로요
덩더쿵 덩더쿵 덩더쿵 번뇌를 해탈로 흥대로구나.

하!

 ## 공양 후에 드리는 공양

하!

새에게 둥우리를 빼앗아
저를 무한히 날게 함이요
소에게 콧구멍을 막아
저를 영원히 숨쉬게 함이니
옛부터 삼라만상 공양 아닌 것 없구나.
공양 후에 다시 한 공양이 있으니
속눈썹털 속에 금강산 일만이천봉을 감추고
알몸을 드러내고 사자 아가리에 앉아 그네를 타구나.

하!

그대에게 천하를 펼치니 그대가 자유요
천하에게 그대를 맡기니 천하가 태평이구나.

하!

유주무주 온 법계를 방생하다

하!

꽃을 심어 조불조사를 방생하고
꽃을 가리키어 범부중생을 방생하고
꽃을 흔들어 지옥천국을 방생하고
꽃을 뿌려 사바극락을 방생하고
꽃강물 이루어 무명진여를 방생하고
꽃바다 넘쳐서 생사열반을 방생하구나.

지금 여러분은 어떠하신고?

온 전체로 꽃이니 상주법계가 무한 열리고
낱낱이 꽃이니 해와 달이 쌍으로 웃구나.

하!

온 시방 온 생명 온 행복 그대께 맡기구나.

하!

본행본락을 찬하다

하!

언제나 스스로 이루고
언제나 스스로 누리니
언제나 스스로 법계요
언제나 스스로 세계라
생사열반도 스스로요
사바극락도 스스로요
번뇌해탈도 스스로요
망상삼매도 스스로요
무명진여도 스스로여서
무엇이든 흥대로 자유요
무엇이든 흥대로 무애로
산 속에 산을 펼쳐 우담바라요
물밖에 물을 거둬 마니주구나.

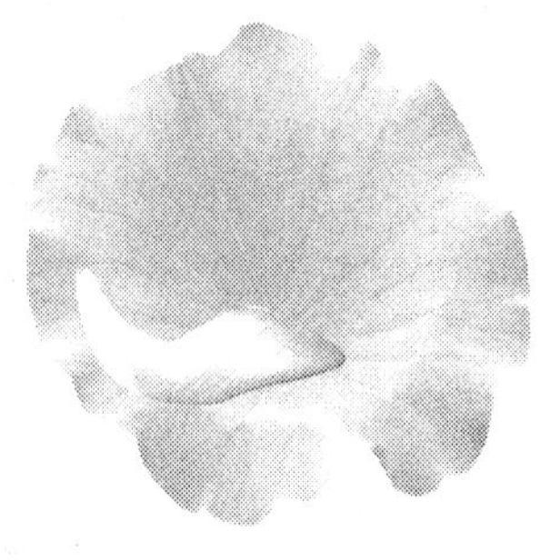

지금 여러분은 어떠하신고?

꽃을 심으며 해와 달을 굴리고
꽃을 가리키며 산호열매 계수열매 뿌리구나.

하!

그대의 영원한 고향은
다함께 오로지 그대구나.

하!

온생명 온시방을 찬하다

하!

스스로 온 전체로 온 세상 이루고
다함께 서로 통해 온 세상 펼치구나
생각 생각마다 부처를 이룸이요
걸음걸음마다 종지를 펼침이라
동서남북 천백억 해와 달을 띄우고
온 뜨락에 천백억 산호 진주를 뿌리구나.
이승도 저승도 마음대로 오고가며
사바와 극락을 홍대로 즐기니
유정무정 춤과 노래 끝이 없고
온 세상이 통째로 큰 행복 누리구나.

시방 여러분은 어떠하신고?

그대는 황금코끼리를 타고 그대 온 세상이요
나는 눈먼 나귀를 타고 온 세상 나로구나.

하!

중생은 중생으로 홍대로 부처요
부처는 부처로 홍대로 중생이라
중생은 부처로 쾌지나칭칭나네요

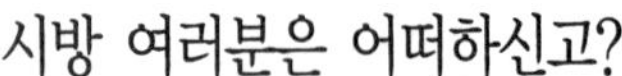

부처는 중생으로 어야띠야상사띠야로
온 시방을 지금 이대로 붉고 흰 꽃 난발구나.

하!

발 원 문

스스로 밝으니 천하가 밝고
스스로 안락하니 천하가 안락하여
무시이래로 책 한권이 있어서
흰 것은 종이요 검은 것은 글자라
종이 종이마다 삼천대천세계를 펼치고
글자 글자마다 팔만사천법을 드러내나니
이 책을 펴낸이나 펴내지 못한 이나
이 책을 시주한 이나 시주하지 못한 이나
이 책을 만난이나 만나지 못한 이나
이 책을 읽은 이나 읽지 못한 이나
이 책을 밝힌 이나 밝히지 못한 이나
다함께 온갖 마음 온갖 몸 통하고
다함께 온갖 하늘 온갖 땅 통하고
다함께 온갖 허공 온갖 물질 통하고
다함께 온갖 세상 온갖 삶 통하고
다함께 온갖 생명 온갖 죽음 통하고
다함께 온갖 이승 온갖 저승 통하고
다함께 온갖 지옥 온갖 천국 통하고
다함께 온갖 사바 온갖 극락 통하고
다함께 온갖 부처 온갖 중생 통하고
다함께 삼라만상 유정무정 다 통하여
다함께 무엇이든 기러운 것 하나 없고
다함께 무엇이든 원하는 대로 다 갖추고

다함께 옛이나 지금이나 훗날이나 간격없이
다함께 본불본락 본불진락 본불무애 하옵소서
다함께 본래대로 무한한 낙 자유자재로 끝없이 누리소서.

하!

나무불
나무법
나무승

나무삼세일체자성진여실상다함께본래본나불사바하.

아침에는 만 뜨락에 만 꽃을 심고
저녁에는 만 하늘에 만 달을 굴리구나.

하!

늘 누리는날 운수납승 영흥 범향배

저자 : **영흥(永興) 선사**

1947년 경북 울진군 울진면 연지리에서 태어난 스님은 21세에 망월사에서 춘성 선사의 벽력같은 할(喝)에 언하대오(言下大悟)하고, 24세에 자수용삼매(自受用三昧)를 증득했다.

1974년 백양사에서 서옹대종사를 은사 및 계사로 수계득도한 스님은 경봉, 전강, 벽초, 혜암, 향곡, 구산, 고암, 월산, 서암, 숭산 스님 등 당대의 선지식들을 참문하며 법거량을 했다.

45세에 서옹 대종사로부터 전법게(傳法偈)를 받은 스님은 정한 처소 없이 만행하면서 인연 있는 수좌와 재가 수행자를 지도하며 정진 보림(保任) 부처행을 하고 있다.

법명은 성명(性明), 법호는 후제(後濟)이고, 부처님의 몽중 수기명은 영흥(永興)이다.

저서는 〈해와 달을 띄우고 산과 물을 펼친다〉, 〈나〉, 〈참〉, 〈저마다 생명은, 삶은 아름답고 거룩하여라〉, 〈납승가〉, 〈해탈〉, 〈꼭〉, 〈나 바로 깨친다〉 등이 있다.

법보시 후원계좌

농협 : 김종국(영흥스님) 321-12-000823

전화 : 010-8979-2156

납승가 석영홍선사 선어록

2010년 5월 초판1쇄 펴냄

지 은 이 : 석영홍선사
펴 낸 곳 : 꽃숲
펴 낸 이 : 영명
등록번호: 제 321-2010-000059호
주   소 : 서울시 서초구 잠원동 60-7 녹원한신 102-1306
전화번호 : 02)537-3896
E-Mail : Urblossoms@gmail.com

ISBN 978-89-964353-0-3 03220
정가 11,000원